日本型
ロジスティクス
4.0

サービス多様化、
物流費上昇、
人手不足を一挙解決！

前田賢二【監修】　　㈱クニエ ロジスティクスグループ【編著】

日刊工業新聞社

はじめに

　私が物流に携わるようになって早30年になろうとしています。物流事業者の視点、コンサルタントの視点から間近で物流の変遷を見てきましたが、この30年間、物流は凄まじいスピードで進化を遂げたと実感しています。思い返すと、30年前の物流現場では、ねじりハチマキに手鉤（てかぎ）を持った作業員があちらこちらにいて、荷物に手鉤を刺して、ひょいと肩に持ち掛ける、見方を変えれば「いき」で「いなせ」な職人気質な業界であったように思います。 近代化された今では考えられない光景ですが、ある意味、閉鎖的な世界であったのかもしれません。

　そのような物流業界が 変貌を遂げたのは、1980年代に訪れたサプライチェーンとロジスティクスの概念の渡来からだと思います。

　この少し前から企業は生産等の上流の改善には着手していたのですが、長らく物流だけが手つかずのままでした。しかしながら、サプライチェーン全体を考えると、物流とて見て見ぬふりをしている訳にはいかなくなり、企業はこぞってこの見直しを図りました。それと同時に他のサプライチェーンの要素と有機的に結合して、今日のビジネスシステムの構築に寄与するようになったのです。

　様々な歴史を経て、物流は近代化・高度化しました。消費行動の多様化などの潮流に大きく影響を受け、良くも悪くも物流は今や注目を浴びる存在に変わり、消費者は物流を身近に意識するようになりました。

　また、自然災害などによる物資供給の途絶などを目の当たりにし、物流はライフラインを支える大きな存在であることに気づくにいたりました。

　その一方、物流は労働集約型産業であるために、少子高齢化社会

による労働人口減少の影響をまともに受けています。もはや、このままでは社会インフラあるいは生活インフラとしての物流が成り立たなくなることが予想されるのです。

今回、本書を出版するきっかけとなったのは、改めてこの問題に対する警鐘を鳴らすと同時に、それを解決するひとつの方法として「日本型ロジスティクス4.0」を提起したいと考えたことに起因しています。

物流はまだまだ日進月歩で進化する領域です。また、我々世代では考えが及ばないテクノロジーの進化に支えられて新たな発展を遂げる可能性を秘めています。物流のさらなる発展により、人々の暮らしはより一層豊かなものになるはずです。本書を通じ、日本型ロジスティクス4.0の普及と夢のある物流が進展することを期待してやみません。

最後に、出版にあたり多大なご助力をいただきました日刊工業新聞社の藤井様、参考とさせていただきました企業各社様、弊社ロジスティクスグループならびにマーケティング担当にこの場を借りて御礼申し上げます。

平成31年1月吉日

株式会社クニエ　ロジスティクスグループリーダー　ディレクター
前田賢二

はじめに ……………………………………………………………………………… i

第1章 ロジスティクスの現状と課題

1 | そもそもロジスティクスとは何を指すのか？
その進化の過程からみえるもの ………………………………………… 2

2 | 喫緊の課題である人手不足 ……………………………………………… 12

3 | 現場にはびこる属人化が障害となる ………………………………… 20

4 | 広がる物流格差が障壁になる ………………………………………… 25

5 | 日本特有のロジスティクスを考える ………………………………… 28

第2章 ロジスティクス4.0とはいったい何なのか？

1 | ロジスティクス4.0とは何か …………………………………………… 30

2 | AI・IoT、改革を実現する技術の発展 ……………………………… 37

3 | ロジスティクス4.0で実現される2つの標準化 ………………… 48

4 | ロジスティクス4.0で実現される省人化 ………………………… 58

5 | ロジスティクスを取り巻く環境の変化 …………………………… 76

COLUMN 物流は真心を込めたサービスだ ……………………………………… 80

第3章 現在＝ロジスティクス3.Xの姿とは

1 | ロジスティクス4.0に向けて歩み始めた企業 ………………… 82

iii

2 | 事例① 先進的なロジスティクスを構築するeコマース企業 …… 83

3 | 事例② 物流のシェアリング実現に挑むプラットフォーマー …… 96

4 | 事例③ 自律する物流センターを目指す老舗マテハンメーカー 107

5 | 現状でのロジスティクス3.Xの実際 ……………………………… 119

COLUMN 物流はモチベーションが大切だ ……………………………… 120

第4章 ロジスティクス4.0への取り組みと壁

1 | ロジスティクス4.0に向けたアプローチ ……………………… 122

2 | 現在の標準化の実態とロジスティクス4.0の標準化 ……… 124

3 | 標準化の実現に向けた課題と6つの取り組み ……………… 137

4 | 現場における省人化の実態 ……………………………………… 149

5 | 省人化の実現に向けた課題と3つの取り組み ……………… 153

第5章 ロジスティクス4.0の今後の展開

1 | ロジスティクス4.0以降の世界と物流 ……………………… 164

2 | ロジスティクス4.0の先で生まれるロジスティクスサービス 172

3 | すべては日本型ロジスティクス4.0から ……………………… 180

COLUMN 物流マンは現場感を忘れずに ……………………………… 181

引用・出典一覧 ………………………………………………………………… 182

監修者略歴・著者略歴 ………………………………………………………… 187

第 **1** 章

ロジスティクスの
現状と課題

1 そもそもロジスティクスとは何を指すのか？ その進化の過程からみえるもの

ITの進化・普及により、消費者行動も多様化している近年、物流事業に従事していなくとも、ロジスティクスの世界が大きく変化していることを大多数の人が感じ、体験しているのではないだろうか。

ECサイトでオーダーすると、数時間で自宅まで商品が届けられる。コンビニエンスストアで商品が欠品しているところなどほとんど目にしない。それどころか、売れ筋商品の迅速な補充や、その日の天気に応じた入荷コントロールなどが当たり前に行われている。意識はしていなくともロジスティクスの仕組みはものすごい勢いで変化し続け、我々の生活を豊かにしている。

そして今、このロジスティクスの世界で、第4世代となる「ロジスティクス4.0」という大きな変化が生まれようとしている。

ロジスティクスとは？

まず、ロジスティクスとは何か。古くは産業革命による技術発展に伴い、生産効率の向上・大量生産が可能になったことに遡る。交通の発展も進み、人・モノの移動が盛んになり、大量消費社会を迎えたことで、市場に物を効率的に投入するという観点が生まれた。

ビジネスにおいて「ロジスティクス」が登場したのは、第二次世界大戦後の1950年代半ばである。ロジスティクスは、元来、戦地への武器・食料の補給を行う兵站である「軍事ロジスティクス（Military Logistics）」の考え方・技術が経済活動に当てはめられ、

活用されるようになったものだ。戦時中、ロジスティクスを任された兵士は、出発地と到着地の間の物資を単に運ぶだけではなく、いつどのようにして必要な物資を必要な場所へ輸送するかというモノの流れ全体の管理を行った。保管、荷役、輸送のみを行うのではなく、需要の予測・把握から、物資調達、物資の流通・廃棄、品質管理、物資に関する情報管理までを行っていたのである。

その軍事ロジスティクスをビジネスに置き換え、調達先から生産拠点、生産拠点から消費地までを対象とした「マネジメント概念・技法」がロジスティクスである。ビジネスにおける「調達物流」「販売物流」「静脈物流」の各物流活動とそれに関わる経営活動を統合し体系的に捉えるものである。

物流とロジスティクスの違い

物流とロジスティクスは同義で捉えられることが多く、物流という言葉の方が日本においては当たり前に使われてきた。しかし物流とは「物的流通」が省略された言葉で、モノを運ぶすべての活動を指す言葉である。対してロジスティクスはモノを運ぶ「活動」を指す物流と「マネジメント概念・技法」を指すものであり、似て非なるものであることを理解する必要がある。

近年では物流ではなく「ロジスティクス」という言葉を使う企業が増えてきており、ビジネスパーソンを対象とする「ロジスティクス入門」や「ロジスティクス戦略」と題した本も出版されている。これはモノをある地点から別の地点へ運ぶという部分を切り取ってコントロールするのではなく、サービス・コスト・品質の3つの観点からサプライチェーンの全体最適を図るロジスティクスという概念が企業の競争優位となりうる重要なものとして認識されつつある

からだ。

そしてそのロジスティクスは現在、第3世代まで発展してきた。この第3世代では生産・物流・販売の情報がオンラインでつながり、必要なものを、必要な場所に、短い時間で届けることを各社は競い合い、企業や消費者にとって利便性の高い環境を提供してきている。

しかし人口が減少し、高齢化が世界のどこよりも進んでいる日本においては労働人口減少の問題から、このままのロジスティクスを将来にわたり継続・発展させていくことが難しくなっている。むしろこのままでは疲弊をしていくともいえる。

そこに登場するのが第4世代のロジスティクス4.0である。ロジスティクス4.0については2章で詳しく説明するが、ロジスティクス上の課題をAI・IoTといった最新テクノロジーの活用で解決するものであり、これからの時代に合わせてロジスティクスを発展させる考え方である。

ロジスティクスが進化する背景

ロジスティクスが進化・発展していく背景には、常に社会や市場の変化があり、技術の発展があった。第二次世界大戦において研究された技術を応用してビジネスロジスティクスが発展していったように、ロジスティクスはそれぞれの時代に発明された革新的な技術を利用して、ビジネスの革新に寄与してきたのである。

ここでは、世界そして日本におけるロジスティクスのイノベーションを整理し、振り返ってみたい。

第1章　ロジスティクスの現状と課題

ロジスティクス1.0時代　~輸送の機械化~

　まず取り上げるのは、第一次産業革命期の輸送の機械化である。第一次産業革命によって都市へと人が集まり、工場生産が拡大していく過程で、人やモノの長距離輸送が増加した。従来の移動手段である馬車や船のために舗装道路や運河の整備が進められたが、需要の高まりによって輸送料金の上昇が発生していた。

　こうした課題に対して交通機関の効率化と普及は急務であったが、その状況を打破したのが蒸気機関である。この蒸気機関が最も早く実用化されたのは海上交通分野である。1807年にフルトンがハドソン川で蒸気船の航行に成功すると、その後改良を重ねられ、19世紀半ばには輸送スピードや効率の向上によって旧来の帆船にとって代わるようになった。

　次に実用化されたのが、鉄道である。1825年には炭鉱地帯を結ぶストックトン・ダーリントン鉄道が、1830年には港町と綿工業・機械工業の中心地を結ぶリヴァプール・マンチェスター鉄道が開通し、主要都市をつなぐ高速かつ大量輸送が可能な交通機関として脚

	Logistics1.0	Logistics2.0	Logistics3.0	Logistics4.0
時代	19世紀~20世紀初頭	20世紀半ば	20世紀半ば~21世紀初頭	21世紀
課題	既存の交通手段の非効率性・価格	生産性の低さ	情報の散逸属人的情報管理	人手不足業務の属人化
キーとなる技術・思考	蒸気機関	人手のかかる作業の標準化・機械化	情報通信技術	AI IoT

図表1-1　ロジスティクスの変遷

5

光を浴びた。その後、1840年代に支線の整備が進められていき、さらに法が整備されたことによって低運賃での鉄道の利用が可能となった。

　自動車については、鉄道に一歩遅れ、19世紀後半から20世紀にかけて動力源の改良、そして大衆への普及が起こった。18世紀にはすでに蒸気機関を動力とした自動車が誕生していたものの、20世紀にアメリカにおいてフォードによる低価格帯の大衆向けの車両が生産されるようになると、経済発展による所得向上を背景に大衆に自動車が普及した。これにより、公共交通機関に頼らずに移動可能になったことで、個人や企業の移動は飛躍的に自由になったのである。

　航空分野では、1903年にライト兄弟が世界で初めて飛行機による有人飛行を成功させた。第一次世界大戦において軍用機として実用化されて技術的に発展し、戦後は飛行機による輸送が行われるようになった。定期航空会社が設立され、旅客輸送や郵便輸送が行われた。この飛行機の実用化によって、より速くより遠くへ移動する手段が確立されたのである。

　このように、馬や水のような旧来の動力源が蒸気機関やガソリンに代わったことによって、陸上・海上・航空の交通機関は速く、信頼性の高いものとなった。移動手段・輸送手段の機械化は人・モノの流通を盛んにし、それによって社会が発展し、さらなる人・モノの移動につながった。この一連の流れがひとつめのイノベーションである。

ロジスティクス2.0時代　〜荷役の標準化・自動化〜

　次にイノベーションが起きたのは、第二次世界大戦後である。よ

6

り輸送手段が機械化されて効率化する一方で、生産性を落とす一因となっていた荷役作業の標準化・自動化が行われたのである。ここでは代表的な2つの事例を挙げよう。

まず1つ目は1960年代のコンテナの実用化である。

20世紀前半、輸送機器への貨物の荷下ろしや積み込み作業は、人によって行われていた。戦後の急激な経済成長によって貨物量が増大するとともに港湾労働者の不足が課題となり、効率的に荷役を行う方法が求められた。

そこに登場したのがコンテナである。当時渋滞による配送遅延に頭を悩ませていた運送会社経営者のマルコム・マクリーンは、よりコストが安く渋滞等の影響をうけない船に目を付け、船にトラックを載せて輸送することを思いついた。そしてトラックのシャーシとコンテナを分離し、船倉に積み込んだコンテナをレールで固定するというセルガイド方式を編み出した。

1956年、ニューアークからヒューストンまで、この方式で初めての運行が行われた。さらに1960年代にはコンテナの規格の標準化が行われ、1970年代にかけて各国でこの標準化されたコンテナを荷揚げできるように港湾の整備が進められ、コンテナによる貿易が広まったのである。

このように、標準化されたコンテナの登場は、海上輸送における荷役の標準化と機械化による省人化をもたらし、現代でも利用され続けている。

もう1つは自動倉庫である。ここでは、日本の事例を紹介したい。

戦後日本の倉庫荷役作業では、アメリカと同様にフォークリフトやコンベアが普及し、機械化が進んでいた。その一方で、1960年代になると日本社会は高度経済成長期を迎え、特に製造業を中心と

して人手不足が課題となっており、その解消のために業務合理化と省人化の需要が高まっていた。

棚やパレットから商品や部品をピックし、仕分け、検品し、梱包するという一連の作業では、人間の存在は必要不可欠である。出荷物量が跳ね上がれば、その分だけ人手が必要になり、また在庫がどこにいくつ保管されているかという情報管理においても人手は不可欠であった。

その入出庫作業・在庫管理の機械化を実現したのが、自動倉庫である。積み付け用のクレーンのコンピュータ制御技術が確立されたことによって入出庫・保管管理の自動化が実現された。

ロジスティクス3.0時代　~物流を成長させた情報システム~

これまで紹介したのは、物流において使用する機械や装置に関わるイノベーションであった。技術発展や新しいアイディアで生まれた機械や仕組みを活用することによって既存の課題であった荷役や保管、輸配送の負荷を減らし、効率化してきた。

一方で、ある技術の誕生がロジスティクスに新たなイノベーションをもたらした。それが情報システムである。

民間企業の情報システムにおいて物流に関わる機能が登場したのは、発展初期の1950年代である。販売業務や購買業務がコンピュータ処理の対象とされ、受注処理や在庫管理が処理されるようになった。

1960年代にはオンラインシステムによる処理が実現され、遠隔地の情報が把握できるようになった。これが物流業務においてどれほど重要であるかは論を俟たないだろう。ここが1つの転換点で

あった。

　紙や電話等で行われていたやり取りや管理が情報システムに置き換わったことによって、モノがどこにあり、いつどこでどの程度必要とされているのかという情報を、容易に管理することができるようになった。これによって、情報のタイムラグが軽減され、モノの保管地・生産地と需要地の情報面での隔たりがなくなったことは間違いない。

　一部の企業にとどまっていたオンラインシステムの導入は、1970年代には民間企業に普及していき、輸配送システム、在庫システム、商品管理システム等の物流業務のためのシステムが企業に導入されていった。

　一方で、法的・技術的障壁によって、まだ実現できていないこともあった。それは、複数企業間のデータ授受である。法的な障壁とは、1953年に施行された公衆電気通信法の存在である。法規制によって、国内通信では電電公社以外の第三者によって、電電公社の回線を貸し出すことや、回線を利用したサービス提供が実質的には禁止されていた。法律上、単一企業内において、専用回線を通じてデータのやりとりを行う分には特に問題はないが、複数企業間で互いの通信回線を通じてデータのやりとりを行うと自社回線を相手企業に貸しているとみなされてしまうため、異なる企業同士でのデータ授受は不可能だった。

　加えて技術的な側面の課題として、規格の統一化があった。異なる回線・異なる機器同士をつないでデータのやりとりを行おうとする場合、データ形式の変換やプロトコルの共通化が必要である。こうしたものの共通化や変換等のサービス提供が求められていたが、前者は企業間・業界内の取り組みが必要であるため、後者について

は規制によって電電公社の通信回線を利用したサービス提供ができないため、ハードルが高かった。

しかし、規制緩和の要望の高まりをうけて1985年に既存の法を改正して成立した電気通信事業法により、通信の自由化が実現した。この改正によって、新たな通信回線として現れたのが付加価値通信網（Value Added Network, VAN）ある。このVANによって既存の課題を解決することができたため、部品製造業者と自動車製造業者といった川上のネットワーク、製造業者と販社といった川下のネットワークが構成されていった。

さらにVANの存在によって進められたのが電子データ交換（Electronic Data Interchange, EDI）である。EDIとは、共通のプロトコルで通信回線を通じて取引のためのデータの授受を異なる企業間で行うことである。EDIによって企業がこれまで紙で行っていた取引決済をオンラインで行えるようになったことは、画期的なことといえるだろう。

このように、コンピュータの誕生から情報システム化が進み、そして通信回線とつながることによって企業内・企業間、そして遠隔地との連携が可能になった。その結果、情報システム化によってシステムに合わせる形で業務が標準化されるとともに、オンライン化に伴って、タイムラグを大幅に縮小して遠隔地と連携して業務を行えるようになった。

情報システム化・オンライン化は、ロジスティクスの各地点の情報管理と連携を可能にした点において、重要なイノベーションである。

第1章　ロジスティクスの現状と課題

イノベーションによる物流の進化

　本節ではロジスティクスにおいて起きてきた主要なイノベーションを紹介した。輸送の機械化と荷役の自動化では、社会・経済状況の変化の中で課題が生まれ、それを解決しようとする取り組みの中で創造的なアイディアによってイノベーションが生まれた。

　一方で、情報システムでは、VANやEDIといった革新的な技術が生まれ発展したこと、すなわちイノベーションが起きたことによって、それまで解決が難しいと考えられていた既存の課題が解決された。

　いずれの時代も課題が、イノベーションを生む。重大な課題があり、それを解決した技術や仕組みであるからこそイノベーションと呼べる。本書のテーマである日本型ロジスティクス 4.0 の背景にも、日本社会や物流現場が抱える切迫した課題が存在する。ロジスティクス4.0に、「日本型」という言葉を付けた理由は、日本におけるロジスティクスの特性を考慮し、その上で日本におけるロジスティクスの課題を解決するための新しい方法を示すためである。

　続いて、「日本型」ロジスティクス4.0を定義するために、日本におけるロジスティクスの特性や課題について考えてみたい。

11

2　喫緊の課題である人手不足

　ロジスティクスに関するマネジメント手法の変化や技術による現場の変化の背景には、社会・市場の変化に伴う課題が存在した。現代の課題を理解するために、まずは日本の現状を見てみたい。

　日本社会の人口トレンドは、少子高齢化であると言われて久しい。生産年齢人口となる15～64歳の層の減少は、今後も続くと予測されている。このような予測の中、人手不足感が企業に与える影響はどのようなものなのか。労働政策研究・研修機構の調査では、図表1-2で示す通り、「需要の増加に対応できない」、「技術・ノウ

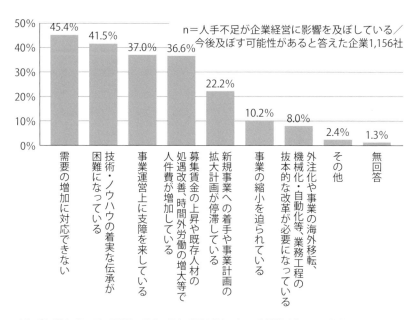

出典：「人材（人手）不足の現状等に関する調査」（労働政策研究・研修機構）を加工して作成

図表 1-2　人手不足が企業に及ぼしている影響

ハウの継承が困難になっている」といった影響が挙げられている。特に、ロジスティクスの業界においては、将来的にさらに物量や複雑さが増した場合にどう対応していくか、経営者は不安を感じていることは想像に難くない。

人手不足への対応

このような状況下で、企業はどの様な対策を打っているのだろうか。

内閣府が発表したデータによると、日本には約300万人の就職希望の人材がいる。また、厚生労働省のデータによると、海外からの労働者は約128万人に及ぶ。この様な人材がすぐに活躍できる場を提供するには、業務の標準化やマニュアル化が必要があるが、それを行えている企業は少ない。また、言語の問題から、海外労働者を積極的に採用する企業も少ない。

さらに、人手不足解決のための省力化を目的とした省力化機器や情報システムへの投資を行っている企業も図表1-3の通り、少ないのが現実である。数年先のビジネスが約束されているのであれば投資もできるのだが、不安定な時代に、「回収に数年かかる設備投資なんてできない」といった経営者の声が聞こえてきそうである。

多くの日本企業においては、人手不足対応は根本的に取り組み易い領域から始めているという段階である。しかしながら、数年後を見据えるとまだやらなければいけない課題がたくさんあると考えている。

では、ロジスティクスを担う現場はどのような状況なのだろうか。続いて、ロジスティクス業界における人手不足を掘り下げてみたい。

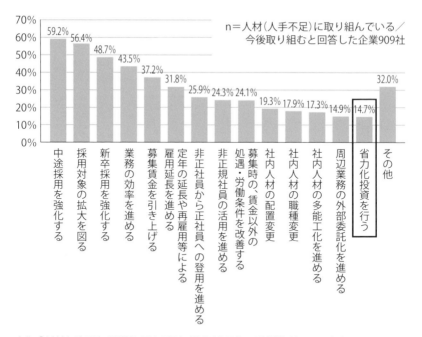

出典:「人材(人手)不足の現状等に関する調査」(労働政策研究・研修機構)を加工して作成

図表1-3　人材(人手)不足の緩和に向けて取り組んでいる施策

見えづらいがゆえに認識されない
インフラ・ロジスティクス業界の人手不足

　国土交通省は2008年9月に「輸送の安全向上のための優良な労働力(トラックドライバー)確保対策の検討」に関する報告書を公表した。この文書では、標準ケースで2015年に14.1万人のドライバーが不足すると予測された。メディアでは人手不足で苦しむ物流現場を取り上げたドキュメンタリー番組が放送される等注目を集めたものの、大きな話題となることはなかった。

　しかし、その懸念は2017年ヤマト運輸の値上げ交渉とAmazonの配送網からの撤退によって、再度表出した。それまで物流は当た

り前に行われる活動であり、見えづらいがゆえに認識されないインフラだったのである。

　当り前の話だが、物流現場を支えているのは人間である。倉庫であれトラックによる輸配送であれ、物流現場で処理できる量は、人時と生産性で表すことができる。人手不足とは、処理すべき量（＝運ぶべき量）に対して、人間の労働時間と生産性が合っていないということである。すなわち、処理すべき量が増えている一方で、働き手の人数や一人当たり労働時間が減っており、生産性が落ちているという状況といえる。

　なぜこのような事態が起きているのか。ロジスティクス業界において人手不足を発生させている原因を、日本社会の変化がロジスティクスに及ぼした影響をもとに考えてみる。

ロジスティクス業界の人手不足の原因①
―個口数の増加、小ロット化

　国土交通省のデータによると、国内の貨物輸送量は2000年と2010年を比べると、22％程度低下している。しかしながら物流件数の推移は、2000年と2010年を比較すると約35％増加している。これは1件当たりの荷量が減少していることを示しており、個口数の増加、小ロット化が進んできていることを表している。

　個口数の増加・小ロット化はなぜ起きたのか。BtoCではECビジネスの台頭が考えられるが、BtoBの世界においても、企業が大ロットで資材・原材料を調達するという流れから、必要な量を必要な時に調達するという流れに代わってきていることを示していると

15

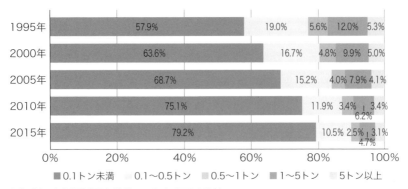

出典:「全国貨物純流動調査(物流センサス)」(国土交通省)
(http://www.mlit.go.jp/sogoseisaku/transport/butsuryu06100.html)

図表1-4　流動ロットの構成推移

考えられる。

　国土交通省の自動車統計輸送年報では、営業用貨物自動車の積載効率は年々減少しており、直近では41%まで落ち込んでいるというデータがある。1台の車両が1日で配送できる納品先件数は限られるため、個口数の増加、小ロット化が進むと、ドライバーの数を増やさなければ対応できなくなる。

　倉庫の荷役作業においても個口数の増加、小ロット化は作業量の増大につながる。小ロット化が進むと、在庫の最小単位がピース(バラ)単位となる。ピース(バラ)単位で在庫を管理する場合、棚卸作業にかかる時間が増加することは容易に想像がつく。物流センター内には、ピース(バラ)単位でピッキングを行うエリアと、ケース単位で保管するエリアに区分けされ、そこでは、ピース(バラ)エリアへの在庫補充といった業務も生まれてしまう。

　検品においても、厳しくチェックする必要がある物流センターでは、1品単位の出荷検品が行われる。多くのEC商品を扱う物流セ

ンターでは、商品バーコードを1品1品ハンディターミナルで読み込み、検品を行っていく。出荷ミスがあってはならないECの物流センターでは、誤出荷率を物流品質のKPIとして管理している。楽しみに商品が届くのを待っている消費者の視点から考えると、誤納品は顧客を失いかねない重要な問題なのである。

このように、個口数の増加、小ロット化は、企業や日本社会の流れから生じてきた事項であるが、ロジスティクス業務では、煩雑さが増し、人手がかかる作業となってしまう。ECの物流センターでは、出荷作業員として数百名の作業者が働いているということも通常である。

ロジスティクス業界の人手不足の原因②—サービスの高度化

ECサイトの利用が消費スタイルとして浸透し、日常化してきた。翌日には商品が届くというサービスレベルは、消費者にとって一般的となり、納品に1週間かかるようなEC事業者を探す方が難しくなっている。

さらにAmazonやヨドバシカメラは、数時間配送というサービスを主要都市で開始したが、両社ともに取り扱い商品アイテム数・出荷量が突出して多い。

これらのリーディングカンパニーは、より早く届けるという高付加価値を提供し、配送サービスレベルのスタンダードを変え、消費者にそれを当たり前のものとして印象付けてしまったといっても過言ではない。BtoBの世界でも、納品時間の短縮化は、MonotaROやアスクルなどの資材EC業者の登場により変化してきている。資材を在庫しておく形態から、不足しそうになった状態で必要分だけ

17

をオーダーするという仕事の形態がスタンダード化してきている。これは企業としては最適な業務の仕方であり、余計なキャッシュアウトを防ぐことに寄与する。

　続いて、納品時の時間指定について見てみたい。図表1-5では、2005年と2015年の、納品時間指定の割合を表している。このグラフを見ると、全産業で、AM・PM単位の時間指定の割合が、大きく伸びていることがわかる。とりわけ、小売業と個人においては大きく割合を増やしている。小売業においては、消費者が来店するタイミングと購入する商品の相関性が分析されており、そのタイミングに合わせて商品の納品することを要求する。

　個人においては自宅にいる時間に商品を届けるというサービスがスタンダード化している。ＥＣ市場の拡大に伴う宅配便の取り扱い件数の増加とともに、宅配貨物の不在再配達は全体の約2割発生している。

　このように、企業並びに消費者の物流サービスレベルに対する要求が上がってきていることがわかる。しかし、物流サービスレベルを上げるためには、それ相応の労働力が必要となる。時間指定納品が多いと、車両の積載率は低くなりドライバーの数が必要となってくる。倉庫においても、時間指定の出荷作業が発生し、庫内作業の平準化が難しくなり、雇い入れる作業者の人数を増やさなければならない。

　また、サービスは本来であれば発注者が選択するため、発注者が負担すべき費用のはずであるが、サービスがスタンダード化されている現在では、その負担をメーカーや小売が負い、さらに物流事業者に転嫁されているのが現状である。

18

しかしながら、サービス力は日本型ロジスティクスの競争源泉ともなっているのが実情である。商品がコモディティ化している現在において、サービスを標準化し、製品力だけで競争できる世の中でもない。日本が進むべき方向は、サービス力を減らして効率化するという方向ではなく、きめ細かなサービスを如何に定型化して、省人化させていくのかということが重要になる。

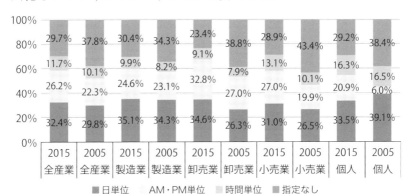

出典：「全国貨物純流動調査(物流センサス)」(国土交通省)
(http://www.mlit.go.jp/sogoseisaku/transport/butsuryu06100.html)

図表 1-5　着産業別到着日時指定の有無（件数ベース）

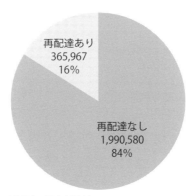

出典：「宅配便の再配達率調査」(国土交通省)
(http://www.mlit.go.jp/seisakutokatsu/freight/re_delivery_research.html)を加工して作成

図表 1-6　大手3社宅配便の再配達率 2018 年 4 月期

3 現場にはびこる属人化が障害となる

ロジスティクス業界においては、物量の増大やサービスレベルの高度化などの理由から、人手不足が今後も続いていくことが予想される。中国においては全自動の物流センターが開所したというニュースが流れてきたが、そのレベルまで到達できる企業はまだ数少なく、多くの企業は自動化の流れを静観している状態にあるのではないかと推測する。

しかし、静観している企業にもロジスティクスにおける人材不足の波は同等に押し寄せてくる。このような企業はロジスティクス4.0に向けて今何をしなければいけないのか。

筆者は「属人化の解消」を真っ先に挙げる。属人化とは、ある特定の作業が特定の人にしかできない状態になってしまうことを指す。属人化された業務に自動化機器を適用しても作業スループット（処理量）を計画通りに高められない可能性が高い。また、日本に潜在的に存在する300万人の非雇用労働者や外国人労働者を活用する場合においても属人化は大きな壁となる。

属人化の弊害

日本の物流においては、作業者の高齢化を嘆く企業が多い。高齢者でなくとも、長年従事している従業員が多いことにも気付く。このような物流センターは、比較的作業を小規模で行っていることが多く、人材の流動化はほとんど発生していない。人が長く働くことができる環境があることは素晴らしい職場であるが、同時に人件費

の高騰は必ず発生しており、熟練者がいなくなることに対するリスクを取っていることはほとんどない状態である。業務が属人化していくということは、言い換えると、高コスト体質の業務を作り上げていること言うことである。

中国の全自動化された物流センターの例や自動運転トラックのように、物流業務はITシステムやAIロボットに置き換えることができるようになりつつある。そのような時代の中で、属人化は時代に逆行していることであり、高コスト体質を今後も続けていくという企業心理は考えづらい。

属人化された物流センターは紙媒体での業務運用が多い。最近ではデジタル（情報）で業務を管理する物流センターが出てきているが、大部分は「紙媒体」で業務を管理する物流センターである。

紙は得たい情報を瞬時に確認できるという大きな利点があり、物流のように多くの業務をこなす仕事には向いていたと考えられる。逆に紙は、そこに書いてあること以上の情報をその場で入手できない。つまり、紙に書いてある一部の情報があればおおよその事を理解・把握できる作業者にとっては効率的に情報を収集できるツールであるが、そうでない例えばスポット参戦しているパートやアルバイト、応援に来ている正社員からすると、業務を行うために必要な情報がそこに記載されているとは言えないことが多い。

このように、紙媒体で業務運用を行っている物流センターでは属人化がはびこりやすい理由があり、人手不足解消に向けた障害となることが多い。

また、属人化された物流センターでは、業務マニュアルは整備・更新されていないことが多い。これは至極当然の流れで、属人化された業務フローは作業者の頭に中に入っているので、AIにも負け

ない作業判断を人の頭の中で実施しているのである。一見すごいことのように思えるがこれも人手不足解消に向けては大きな障害となる。スポット作業者は作業の仕方について都度熟練者に確認しなければ業務を進められなくなり、結果熟練者の生産性も落ちてしまう。また、属人化業務を作ってきた人間は、作業を教えるという行為には慣れていないはずである。双方ストレスが溜る業務となり、結果として新しい人材を投入するという流れがなくなってきてしまうのである。

人手不足の解消として、作業者の業務を自動化し人の介在する領域をなくしてしまうか、誰でも作業ができるような標準化を行うことが必要となってくるが、自動化を行うにしても標準化を行うにしても、業務を可視化していくことが第1条件であり、属人化されブラックボックス化している業務は、人手不足に対する阻害要因でしかないと筆者は考えている。

デジタル化の遅れが属人化を存続させる

デジタル化された物流センターは、その情報を活用することで誰でも容易に作業が行える環境を整備していくことが可能である。例えば、商品とロケーションがしっかりと管理されていれば、デジタル化ソリューションにより、人を棚の前まで誘導させることも可能であるし、ピッキングロボットを棚の前まで誘導させることも可能なのである。

非デジタル化は既存の作業を踏襲することを意味し、結果として属人化された業務が残ることを意味する。しかし、物流業は昔からコストセンターであり、デジタル化投資を行うことが容易ではない。投資を行うためには、それを上回る効果を示さなければ、改善

の号令が出ることは少ないのである。

　業務無人化・省人化のソリューションは現在市場に多く出回りだしている。例えばピッキングで利用するロボットが代表的なものであろう。EC商品の出荷に代表される、小ロットかつ、個口数の多い物流では、庫内におけるピッキングや出荷作業の担当者が100人を超えるような物流センターも多く見かける。そのような物流センターではロボットを導入することにより、6割から8割の生産性を高め、作業者自体も約半減させることに成功している。

　このような投資を行える企業にとっては、ロボットを導入することにより作業人件費を大きく削減させ、かつ、数年で投資を回収していく判断を行い投資を承認しているのである。

　しかし、ピッキングロボットを導入することで数億円の投資が必要になるが、その費用を回収することができるだけの効果をどの企業も得ることができるのであろうか。筆者は様々な企業から、ロボット導入についての相談を受けるが、多くは投資効果を得ることができる物流ではないことが実態である。小ロットの商品が大量に出荷される企業の物流にとっては効果を十分に期待できるが、ピッキング作業者が数十人規模の物流センターでは、投資を上回る効果を期待することは難しい。

▍属人化解消にむけた作業の標準化

　では、デジタル化投資が困難な企業は、今何をすべきなのか。冒頭にも書いたが、「属人化の解消」がキーワードとなると筆者は考えている。

　ロジスティクス4.0の世界では、IoTにより情報が集められ、AI

によりロジスティクスが最適化されていく。しかしながら、属人化した業務を自動化ロボットに置き換えて部分的に最適化されたとしても、結局は人の介在が残る業務が発生してしまい、そこがボトルネックになり全体的なスループット（作業処理量）が上がっていかないことが予想される。

　この問題は現実にも発生している。出荷のピッキング業務をマテハンで効率化したある物流センターではピッキングの前後作業において、商品の補充ルールやピッキング棚への商品の置き方のルール、梱包時のルールが統一されておらず、結果として出荷全体のスループットが想定以上（メーカー公表のスペック通りに）に上がらないという課題を持っている。ルールは人の中にあり、その人がすべての作業を回せるわけではないため、全体のスループットが高まらないのである。

　属人化を解消するためには、作業の標準化が必須となる。ある特定の人物だけが熟知しており、他の人物が行うと作業の生産性が落ちるという業務は、総合的な生産性からみると非効率であることは明確である。物流業においては、このようなケースが多々存在している。誰でも同一の生産性で作業ができる環境や、複雑な業務の形式知化を進めていくことが必要である。

　考えなければならないのは、将来において作業者の確保が今以上に困難な状態になってくるということである。しかも遠い将来ではなく、2〜3年後には今いる作業者はより熟練化・高齢化し、何もしなければ今以上に人に頼った業務からの変更がより困難になってくるのである。

第1章　ロジスティクスの現状と課題

4 広がる物流格差が障壁になる

　物流インフラを構築することが勝利への方程式と言わんばかり
に、業界リーダー企業が積極的な投資を行っている。それをけん引
しているのはご存知の通りAmazonである。また、最近では企業グ
ループで物流インフラを構築するという動きも活発化してきてい
る。それも日本を代表する企業グループである。このような積極的
な投資の動きは、この先数年は続くと見ている。しかし、これによ
り発生している課題がある。それは、「物流格差」である。

課題解決に取り組みを始めた企業

　資金力豊富な企業は、物流インフラに積極的な投資を行い高度な
物流ネットワークを構築している。日本では、ファーストリテイリ
ングや楽天、ZOZOなどの企業が挙げられよう。このような企業は
なぜ今物流インフラへの投資を積極化しているのだろうか。

　最初に挙げるべきは、競合他社とのサービスにおける差別化であ
ろう。消費する企業や人とサービスを提供する企業の間には、今ま
ではある程度の時間（＝リードタイム）が存在していた。しかし、
その時間はECサービスの台頭により極端に短縮されてきた。注文
日の翌日納品は多くのECサービスでは当たり前となっている。
サービスを利用する企業にとってみれば、自社に資材や備品を必要
以上にストックする必要がなくなったのである。

　また、工場で稼働する生産機器のサービスパーツや資材において

25

も同様であり、様々なサンプル品の出荷も短納期で配送が可能になっている。このようなサービスレベルが一般的と認識されてきた世界では、物流が大変重要な役割を担う。

また消費者の首都圏集中化が進むにつれて、小売店舗の都市型化も進行している。例えば、ニトリといえば郊外に店舗があるというイメージであったが、現在では都心部に店舗を拡大させていく戦略をとっている。都市型店舗ではバックヤードに在庫ストックのスペースが少なく、こまめに店舗への補充配送が発生する。また消費時間帯が夕方以降に集中することもあり、その時間帯に合わせて、店舗への納品を行うことで、欠品を最小化し売り上げを最大化させていく必要が生じる。

都内を例に考えてみると、都市型店舗へのこまめな補充配送を行うためには、都心の地価の高い土地に小〜中規模の物流センターを配置することが必要となってくる。その物流センターのストックキャパシティーは大きくはないため、そこへの補充もこまめに行う必要が生じる。また、その補充を行うための大規模な物流センターをエリア単位に設置するが、その物流センターでは出荷作業量が膨大になるため、自動倉庫やDPS（Digital Picking System）、DAS（Digital Assort System）などのマテハンの導入や、ピッキングロボットを活用した作業の自動化を行い、対応を行っている。

このように、サービス力強化に向けては、物流の強化が不可欠なものとなってきている。

次に挙げられるのは、物流コスト対策や、人手不足に対する省人化対策である。サービス強化にも関連するが、消費者や企業に対するサービス力を高めると、比例して物流も高度化していく。物流が高度化していくということは、そこで働く作業者の数も増やす必要

があり、結果として売上に対する物流費が増加してしまう構図である。ましてや人手不足は今後も拡大していくことは、すでに述べた通りである。

　そうした状況を踏まえ、将来を先読みしている投資力のある企業は、倉庫の自動化を積極的に進めている。物流を装置産業化することで、人手不足への対応を積極的に進めようとしているのである。ましてや、機械はメンテナンス時間を除いて24時間連続稼働も可能であるため、そうした企業における作業のスループットは劇的に増加する。

物流格差が生じる

　自社で物流インフラを構築せずにAmazonやZOZOの物流インフラを利用してビジネスを展開する企業がある。強い物流インフラを構築した企業は、自社取り扱い品に必要なキャパシティよりも大きな物流インフラを構築することで、商品販売だけでなく物流サービス自体でお金を生むことも可能となる。物流インフラを利用する企業も、物流インフラを利用することで参入が容易になり、ある一定水準のサービスを消費者へ提供することが可能となる。ただし、強者を脅かすサービスを提供することは難しいと考える。アイディアを持った若者が、ビジネスに新規参入する際の障壁にもなりかねない。

　物流強者が物流インフラを握ることにより、そこには格差が生まれる。しかし、ロジスティクス4.0はそれを打ち破る可能性を秘めている。倉庫、輸送、配送それぞれのシェアリングされたサービスを、別々に組み合わせて利用することでコストを抑え、尚かつ、高度なサービスを組み立てることができる可能性がある。

5 日本特有のロジスティクスを考える

　日本では、物流に従事する作業者の確保が難しくなっているが、それとは逆行するかのように、サービスの高度化への要望はますます高まっている。日本人の文化でもあるが、顧客へのサービスを強化するあまり、企業特有の業務がいくつも生まれ、それが属人化されていく。また、多くの企業はロジスティクスに多額の投資をする判断ができず、省人化対策・属人化対策も十分には行えていない状況である。

　日本型ロジスティクス4.0では、このような日本におけるロジスティクスの課題をAIやIoTといった最新技術を活用することで、ブレイクスルーする考えであるが、日本特有のきめ細かなサービスや非定型な業務への対応などをいかに自動化して、人手不足対策を進めていくかという点が重要になる。それを行うためにはAIの活用が不可欠になっていく。単純に作業を「0」と「1」に振り分けるのではなく、その間の「人間的感覚」をAIにより形式知化し、業務の中に埋め込んで自動化していくことが、「日本型」のロジスティクス4.0になるのではないかと考えている。

　次章では、日本型ロジスティクス4.0を定義し、日本型ロジスティクス4.0を実現するための最新技術を説明していく。

第 **2** 章

ロジスティクス 4.0 とは
いったい何なのか？

1 ロジスティクス 4.0 とは何か

ロジスティクス4.0とは

ロジスティクス4.0とは、一言で言うと、これまで人が行ってきた作業を、AI・IoTなどの最新テクノロジーを活用し、ロジスティクス業務の省人化・標準化を行うロジスティクス改革のコンセプトのことである。

ロジスティクス4.0は、第4次産業革命を意味するインダストリー4.0のロジスティクス版とも言われており、インダストリー4.0を成功させるための重要な役割を担うだろう。

ロジスティクス4.0の世界では、AI・IoTの進化を起点とするテクノロジーの発展により、機器が相互に自律的なコミュニケーションを行うことで、機器と機器、または機器と人が共存したロジスティクスオペレーションを実現させることができる。要するに、人の介在を最小限に抑えた超効率化されたロジスティクスオペレーションを実現することが可能になる。

例えば、輸配送の分野では、自動運転のトラックなどが物流拠点間の大動脈輸送である幹線輸送を担い、社会問題となっているトラックドライバーの労働力不足を解消し、ドローンの活用などによりラストマイル配送（最終納品先と出荷元の最終拠点との間の配送）も無人化や省人化が可能になる。

倉庫の分野では、一部の最先端倉庫では、既にロボットが荷卸しを行い、搬送・ピッキング・梱包などの倉庫内における物流工程をすべて自動化することが実現されている。従来の自動化では、ピッ

キングの自動化といっても、ケース単位またはパレット単位といったユニット単位での自動化に留まっているのが現状である。しかし、今後は画像認識技術の活用などにより、ピース単位での作業に対応できるようになり、倉庫内の作業員の約7割が従事しているピッキング作業のすべてを自動化することができるようになるだろう。

　また、どうしても人的作業が必要な場合も、アシストスーツが筋肉の補助を行ってくれるため、体力や特殊なスキル、経験、専門知識などが不要となり、人に依存する部分が少なくなり、誰に任せても同等のパフォーマンスと品質で行うことが可能となる時代が到来する。

　このような技術革新によって発生するインダストリー4.0を考える上で最も重要なことは、インダストリー4.0は劇的な変化を起こしたいという人為的な戦略や計画に基づき定められた改革であり、過去の産業革命とは全く意味合いが異なる改革であるということだ。これまでの産業革命は、画期的な発明や技術によって進化した産業を、振り返って、後に改革と定義した。

　それに対し、ロジスティクス4.0は、これから人為的に起こそうとする改革であるため、今のところ具体的な事例がないのが実状である。したがって、本書ではドイツ発祥であるインダストリー4.0の改革コンセプトを基に、筆者が考える日本型ロジスティクス4.0はどうあるべきかについて説明していきたいと思う。

日本型ロジスティクス4.0とは

　日本型ロジスティクス4.0を考えるにあたり、欧米型ロジスティクスと日本型ロジスティクスの違いについて整理したい。

　まず、欧米型ロジスティクスとは「トップダウン型ロジスティク

ス」である。顧客サービスレベル定義に基づきサプライチェーン全体で標準化した業務プロセス設計を行い、その標準化された業務プロセスに従い業務を実行するモデルである。関わる部署や人の役割分担も明確に定義されているため、業務標準化を実現しやすく、システム化にも適している。その反面、現場起点の新しいアイディアは生み出し難いため、非定型業務や突発業務への対応には向いていない。

それに対し、日本型ロジスティクスは「ボトムアップ型ロジスティクス」である。日本は顧客第一やおもてなしの精神が商習慣として根付いているため、顧客にモノを届けるまでの最終工程である物流に対して、営業部門からの依頼で、セール時の値札の付け替えや、不良品が混入した恐れがある特定商品の検品作業など、非定型業務のサービスや突発業務が多く発生する環境にある。したがって、日本の物流現場では、そのような非定型業務や突発業務に対応するため、勘や経験を基に現場で様々な創意工夫を行っている。

日本型ロジスティクスは、強い現場によってサービスレベルを高度化させることで、多様化する顧客ニーズに対応しながら進化を遂げてきた。日本型ロジスティクスの最大の強みは、作業プロセスを標準化することが難しい非定型業務や突発業務を、熟練した高い技術力と鋭い勘を組み合わせることで創意工夫を生み出し、現場で考えて処理してきたことにあると筆者は考える。

しかしその結果、日本型ロジスティクスは属人的な作業が多く、作業が定型化し難いため、標準化やシステム化には対応し難いところが弱点としてある。したがって、日本の物流業界では最新のテクノロジーを活用しても、現場の経験や勘を超えることができないという潜在意識が今でも強く根付いており、最新の技術動向への関心が少ないのが実状である。

現在の日本では、インターネット通販の発展などによりロジスティクスに求められるサービスレベルは年々高度化の一途を辿っている。しかし、倉庫作業者やトラックドライバーなどの労働者不足は進む一方であり、とうとう日本型ロジスティクスの強みであった強い現場を維持することが難しい状況となってきている。宅配業界で約5割のシェアを持つヤマト運輸は、インターネット通販の拡大による人手不足により現場への負担が高まり、2017年にサービス維持のために値上げを決断した。

ヤマト運輸が2017年9月に27年ぶりに全面値上げを実施した後、軒並み大手運送会社も値上げを行ったことで、この問題はヤマト運輸1社だけの問題ではなく、日本社会全体に波及した。今やガス・水道と同じような生活インフラとなりつつあるロジスティクス

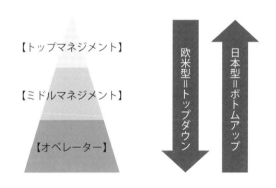

図表 2-1　業務プロセス設計の特徴

比較項目	欧米型	日本型
業務標準化	○	×
システム化の容易性	○	×
非定型業務や突発業務への柔軟性	×	○

図表 2-2　欧米型ロジスティクス・日本型ロジスティクスの比較表

は、非常に深刻な人手不足に直面しており、さらにその状況に加えて、長らく利益なき繁忙に苦しんできたことが日本中に明るみになったのだ。しかし、人手不足の問題を解決するためには、料金の値上げやサービスレベルの改定だけでは、抜本的解決は実現されないことは皆さん周知の通りである。

日本型ロジスティクス4.0のあるべき姿

日本型ロジスティクス4.0の世界を目指すにあたって留意しなければならないことは、今まで日本型ロジスティクスの強みであった非定型業務や突発業務などを切り捨て、欧米型ロジスティクスのようにトップダウンで省人化、標準化を進めていくことでは、抜本的な人手不足問題の解決はできないということだ。なぜなら、上述した日本の商習慣であるおもてなしや顧客第一主義の精神により、顧客のパーソナライズ化が進む世の中では、今後ロジスティクスに求められるサービスレベルは、これまで以上に個別化・高度化すると考えられるからである。言い換えると、非定型業務や突発業務は今よりも増えていくことになり、物流現場はそれらに対応することが必須となるのである。

しかし、日本の物流現場に眠っている様々なデータを活用することにより、これまで培っていた日本型ロジスティクスの強みである現場の勘と経験をAI・IoTのような新テクノロジーに代替させることで、従来の日本型ロジスティクスを次のレベルへ引き上げ、日本型ロジスティクス4.0を構築できるのではないかと筆者は考えている。その理由は、日本の物流現場には他国の物流現場にはない多くのデータが山ほど眠っているからである。

なぜ日本の物流現場には他国にはないデータがあると考えられる

34

のか。それは、日本型ロジスティクスが現場主導のボトムアップ型であるが故に、ITドリブンの欧米にはない現場の知恵や工夫から多くのデータが生み出されるからである。このようなデータは、これまでの現場での試行錯誤の中で熟成されてきた、言わば日本型ロジスティクスの「秘伝のたれ」なのである。

また、このデータを生み出してきたメカニズムは、日本企業の伝統的な考え方である定期異動の仕組みも根底にあると考えている。

定期異動の仕組みは従業員の多能工化を促進する。多能工化することにより知識の共有と想像力が生まれ、そこに日本人の特徴である役割に縛られない責任感やおもてなしの精神が加わることで、他国にはない現場の知恵と工夫を生み出してきたのである。

一方で、IT的側面で見ると、定型業務に関してはITシステム化している企業も多いが、本来、日本型ロジスティクスが得意としてきた改善活動や突発業務など非定型業務領域へのIT活用は、その実現の難しさもあり、手つかずになっているのが現状ではないだろうか。日本型ロジスティクス4.0では、現場に眠っているデータの活用により、現場の知恵と工夫をITで補強することで、日本型ロジスティクスの強みであった改善活動・非定型業務・突発業務などの俊敏性をより強くすることができるであろう。

逆に、欧米型の改革をそのまま受け入れてしまうと、日本型ロジスティクスの強みであった現場で得られる気づきから生み出される俊敏性を失ってしまい、強みを奪う改革となってしまう。つまり、日本型ロジスティクスの特徴である、従業員の多能工化による知識の共有と想像力のメカニズムこそが、我々の競争力の源泉であると再認識すべきなのである。その上で、AI・IoTを活用しシステム化して補強することで、より広くデータを活用できる形に育てていく必要がある。これが日本の強みを活かす改革である。

さらに、AIは人に比べて、大容量であり、作業の緻密さ、正確さ、迅速さを持っている。そのため、クラウド上にあるビッグデータを活用し、人では気づかない物事のルールや事象を認識することができる。したがって、現場で得る気づきを大量のデータとして取得して、そこにAIを活用することで、人が行う業務の効率を格段に向上させることができ、非定型業務や突発業務にグローバルな範囲でスピーディに対応していくことができるのである。

　現場の俊敏性をデジタル化することで自身の強みを補強した日本型ロジスティクス4.0は、グローバルに横断展開することも可能であろう。これこそが、日本型ロジスティクス4.0のあるべき姿であると筆者は考える。

2 AI・IoT、改革を実現する技術の発展

IoTの普及とインダストリー4.0

　前節で述べた通り、ロジスティクス4.0はAI・IoT技術をはじめとする最新テクノロジーを活用して実現される改革である。ここでは、ロジスティクス4.0の動きが生まれる背景となったAI・IoTの発展の変遷を見ていこう。

　まず、IoTに関する社会的な変遷を見ていく。IoT技術によって情報をリアルタイムに繋ぐ考え方は以前から存在していたが、近年、改めてその考え方が注目されるようになってきた。その理由は、IoTデバイスが小型化され、あらゆるモノに取り付けられるようになったことと、ネットワークインフラが整備されたことによって、IoTが現実的に実現可能なものになってきたためである。

　IoT技術を活用した改革を起こそうと真っ先に考えたのは、ものづくり大国ドイツである。近年、先進国の製造業は苦戦を強いられている。より人件費が安価な新興国で製造業が発展してきていることにより、日本やドイツといった先進ものづくり国は、グローバル市場において価格競争で勝つことが難しくなってきている。これに危機感を抱いたドイツは、国を挙げて次なる産業革命を起こそうと動き始めた。その改革プロジェクト、および改革のコンセプトが、インダストリー4.0である。

　第1次産業革命における蒸気機関、第2次産業革命における電気エネルギー、第3次産業革命におけるコンピュータ・インターネットのように、インダストリー4.0における最重要技術の1つとして

位置付けられているのが、IoTである。

　ある予測によると、2020年には世界におけるIoTデバイスの数が約400億個に達すると言われている。これはつまり、世界中で約400億個のモノがインターネットに繋がるということである。2020年の世界人口は約78億人になると予測されている。つまり、人口の約5.1倍のIoTデバイスが世の中に普及し、ありとあらゆるモノ

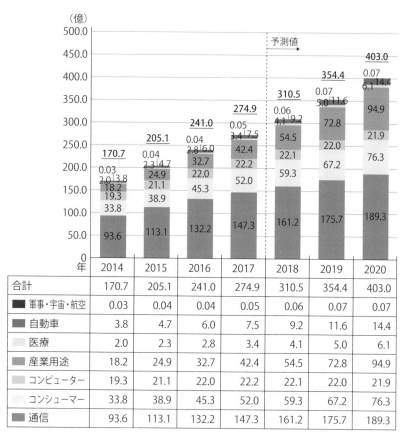

出典：IHSマークイット

図表2-3　世界のIoTデバイス数の推移及び予測

の状態・品質に関する膨大な量のデータをリアルタムで収集・蓄積することができるようになるのである。

　ものづくり大国ドイツがインダストリー4.0で第一に目指しているものが、IoT活用によるスマートファクトリーの構築である。スマートファクトリーでは、工場内のあらゆる設備にセンサーが取り付けられ、インターネット経由でそのモノの品質・状態など様々な情報をリアルタイムに収集・分析できる。その情報をもとに、設備同士（M2M：Machine to Machine）が自律的にコミュニケーションをとって最適な生産サービスを提供し合うか、もしくは、設備と人（M2P：Machine to Person）がコミュニケーションを取り合って協働するようになる。モノが互いに制御し合うか、人の介在を最小限に抑えて生産活動を行うのである。

　ドイツは労働力コストが高い国であるが、スマートファクトリーが実現できれば、工場内の作業者数を最少化し、労働力コストを低減することができる。ドイツは、生産現場における情報の連携性を高め、超効率化された生産システムの形成を目指しているのである。

　ドイツ連邦政府は、安全かつ効率的にIoTを普及させるためのナショナルプラットフォームを作り、大企業や中小企業、大学、研究機関など様々な分野から知識・知恵を集めてスマートファクトリーを実現させようとしている。

　ドイツにおけるインダストリー4.0のコンセプトと類似した改革がアメリカにおいても実施されている。それが、インダストリアルインターネットである。ドイツでは政府が中心となってその仕組み作りが進められているのに対し、アメリカではGE（ゼネラル・エレクトリック）が中心となり、GEのパートナー企業間における情

報連携にフォーカスして改革が進められている。

　日本では数年前から経済産業省が中心となって、IoT社会への対応が推し進められている。ものづくり大国である日本においても、ドイツと同様に製造業においてIoT活用が期待されることが多い。2017年11月にはアドバンテックやオムロン、日本電気、日本アイ・ビー・エム、日本オラクル、三菱電機の6社が幹事となってコンソーシアムが設立され、さらには2018年2月に日立製作所が幹事会社に加入し、生産現場向けIoT基盤の構築と普及を推し進めている。

　現在、IoTの考え方を実現させるセンサリングのツールとしてRFID（Radio Frequency Identification；電波を用いてRFタグのデータを非接触で読み書きするシステム）を活用する企業が増加している。かつてはRFIDタグの価格が高いことが課題となっており、RFIDを導入する企業はそれほど多くなかった。しかし、技術の進歩によって安価に製造できるようになったことや、ISO（国際標準化機構）とIEC（国際電気標準会議）によって規格が標準化されたことで、この数年間で導入しやすくなってきた。

　RFIDを導入している企業では、工場での製造、出荷作業や倉庫での入出荷作業、在庫管理などの在庫情報をRFIDスキャンによって、素早くITシステムへ反映させている。これによってリアルタイムで在庫情報を可視化することができる。

　さらには、販売時にもRFIDスキャンして商品情報を連携させることで、需要動向をいち早く掴むことができ、需要の変動に応じて在庫配置を素早く変更させることが可能になる。

　その他にも、ロジスティクスの領域では貨物にRFIDが取り付けられていると輸送時の状況も把握できるようになるため、渋滞など想定外の問題に対して、配車やルートの変更といった柔軟な対応が

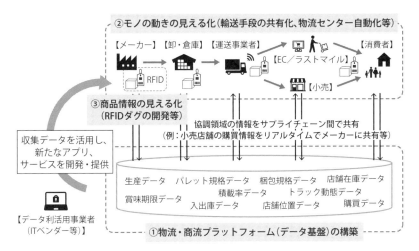

出典：平成30年10月 経済産業省 消費・流通政策課「スマートサプライチェーンの実現に向けて」P.14

図表 2-4　バリューチェーンにおける RFID 活用のイメージ

できるようになる。つまり、バリューチェーンのあらゆる領域でリアルタイムに在庫・商品の動きを可視化させることが可能になるため、需要動向や物流環境の変化をいち早く把握し、従来よりも臨機応変に変化に対応することができるようになるのである。

　ここで1つ重要なことは、RFIDはバリューチェーンの上流にある生産工程で取り付けられることによって、その効果を多く享受できることである。生産工程で取り付けられていることで、後続の工程すべてにおいて、モノの動きに関する情報収集を行うことができるのである。

　IoTセンサーによって収集される膨大な情報を有効活用し、自律的に生産活動を行うためには、そのデータを分析して判断する能力が必要である。この膨大な情報を分析し、目的に沿った最適解を導き出すツールとして期待されているのが、AIである。

AIの第3世代への進化

　近年、AIに関する話題をあらゆるメディアで見たり聞いたりする。一見、AIは最近になって登場した技術のように思えるが、その歴史は意外と古い。第1次AIブームは1950年代〜1960年代に起きたと言われている。この時代には、AIによる推論・探索の技術が進化した。推論・探索とは、ルールやゴールが決められている中で、ゴールに辿り着くためにAIが選択肢を選んでいくものである。迷路の中で、ゴールに近づくために道を選んで行き、行き止まりになったら元の道に引き返してまた別の道を選んで進むようなイメージである。この時代にAIは特定の問題に対して、自ら解を導き出すことができるようになった。ただし、それはシンプルな問題に対して可能なだけで、様々な要因が複雑に絡み合った現実社会の問題を解くまでの技術ではなかった。そのため、現実社会で展開されることはなく、その後しばらくは、大きな技術発展がない冬の時代が到来した。

　1990年代に入ると、第2次AIブームが起きた。第2次AIブームでは、専門家が持つ経験則をルールとしてAIに展開することで、AIがそのルールをもとに推論し、専門家のように人の知的作業を支援するという、知識表現の技術が発展した。ここでも、AIは知識としてインプットされたルールにもとづいてアウトプットする（人間がルールを作成する）技術に留まっていた。本書では、第1次ブームから第2次ブームまでに進歩した、インプットしたルールベースで解をアウトプットするAIを第1世代と定義する。

　その後、現在に続く第3次ブームが2000年代から始まった。この頃から機械学習（Machine Learning）技術が発展したのである。機械学習技術を身に着けたAIを本書では第2世代と定義しよう。

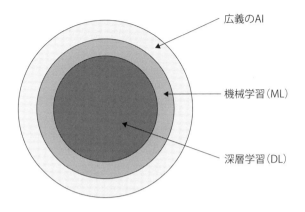

図表 2-5　ディープラーニング・機械学習の定義

　機械学習とは、第1世代のように、あらかじめすべてのルールを開発者がコンピュータにインプットするのではなく、コンピュータに取り込んだサンプルデータをAIが自ら解析し、ルール・知識を学習するという特徴を持っている。これにより、自ら学習したルール・知識にもとづいて、その後新たにインプットされたデータについてはAIが自動的に分析して解をアウトプットしてくれる。

　近年は機械学習がさらに発展してディープラーニング（深層学習、多層ニュートラルネットワークによる機械学習）が流行し、大きな成果を上げてきている。これを本書では、AIの第3世代と呼ぶ。ディープラーニングは、人間の脳におけるニューロン構造を模した何層ものネットワークによる並列処理により、膨大な計算処理と機械学習の能力をコンピュータに実装させる技術である。

　第3世代AIの大きな特徴は、ディープラーニング技術によってコンピュータ自身が膨大なデータを読み解き、そこに隠れているルールや相関関係などの特徴を発見することが可能になることであ

る。ディープラーニングが実現される以前は、人間の手で特徴量（対象物の特徴を定量的に表したもの）を設計していた。しかしな

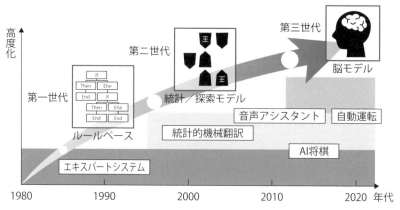

出典：NTTデータ公式ウェブサイト

図表 2-6　AI 発展の変遷

		技術	機能
第一世代	ルールベース	「知識」を使って推論や探索が可能なAI	知識としてインプットされたルールにもとづいてアウトプット（人間がルールを作成する）
第二世代	統計・探索モデル	機械学習を取り入れたAI	サンプルとなるデータ・特徴量を人間が与え、ルールや知識を自ら学習し、新たなインプットやデータについて自動的に判断してアウトプット
第三世代	脳モデル	ディープラーニングを取り入れたAI	人間が介在したり、ルールを設定しなくとも、自律的に特徴やルールを学習し、自動的に判断してアウトプット

出典：NTTデータ公式ウェブサイトを加工して作成

図表 2-7　AI の世代ごとの技術・機能

がら、ディープラーニングは、対象を認識する際に注目すべき特徴は何かを自ら判断する。具体的には、ディープラーニングによって、画像認識や音声認識などで、コンピュータが自ら特徴量をつくりだすことが可能になったのである。また、人間と同じように帰納的な推論を行うことで、自律的に「意味」や「概念」をもあぶり出していく。さらに、その後も継続して学習を続け、コンピュータ自身で賢さに磨きをかけていく。ディープラーニング技術により、AIによる分析技術が急速に発展してきているのである。

AI・IoT ＋ロボティクス

今日、AI・IoTとロボティクスとを組み合わせた技術に期待が寄せられている。これまで、世の中には人の代わりに工場などで溶接や組み立て作業などを行う産業用ロボットが広く普及していた。ロジスティクスの現場でも、荷物を運ぶベルトコンベアや仕分けを行うソーター、自動倉庫など、人間の代替として作業を行う機器が多く導入されている。

このような従来のロボットは、あらかじめ決められた動きを正確に繰り返し行うことに長けており、想定外の事象が発生した際にロボット自ら対応することは苦手とされていた。そのため、単純ルーチン作業はロボットに任せることができても、突発業務の対応や状況を判断して作業を行わなければならない非定型業務の場面では、人の介在が必要であった。しかしながら、AI・IoTがロボットに組み込まれれば、ロボットが苦手とする突発業務・非定型業務への対応も可能になる。と言うのも、IoTで収集した情報をもとにAIが次に取るべき行動を判断し、ロボットへ作業を指示することができるためである。

45

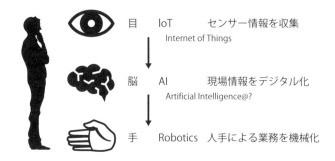

図表 2-8　人の代替となる AI, IoT, ロボティクス技術（イメージ図）

　AI・IoTと、ロボットの技術を人にたとえると、IoTは目（情報収集の役割）、AIが脳（情報を分析し判断）、ロボットは手（作業の実行）になると言える。

　こうなると、ロボットを活用できる場面が従来よりも飛躍的に拡大し、人の介在を必要とする場面を減少させることができる。人手不足や人件費の高騰が進む日本社会において、AI・IoTを組み込んだロボットは、社会問題の解決に繋がるであろう。

　以上のようなAI・IoTの発展によって大きなメリットを得られる業界の1つが、ロジスティクスである。第1章で述べた通り、ロジスティクス業界は、かねてより人の介在を必要とする業務が多く、昨今の人手不足によって、事業継続の危機にさらされている企業が多く見受けられる。しかしながら、AI・IoT技術、さらにはAI・IoTを組み込んだロボットを活用することで、省人化された業務へ変革させることが可能になり、人手不足の問題を解決することができる。

　実際に近年ロジスティクスの現場ではAI・IoT技術を活用する

企業が出始めており、これらの技術によって業務の仕方やビジネスモデルそのものが変革してきている。これはつまり、企業はロジスティクス4.0へ移行しようとしているのである。本章の次項以降、どのようにAI・IoT技術がロジスティクス分野へ展開され、ロジスティクスがどのような変化を遂げていくのかを説明したい。

3 ロジスティクス4.0で実現される2つの標準化

2つの標準化とは?

　それでは、AI・IoTを活用することにより、ロジスティクス4.0の世界でどのようなことが具体的に実現されるのだろうか。まずは、ロジスティクス4.0で実現されることの一つである標準化について説明をしたい。ロジスティクス4.0が目指す標準化には2種類あると筆者は考えている。本節では、2つの標準化について、その考え方とそれによるロジスティクス業務の変化について述べる。

　1つ目の標準化は、物流インフラの標準化である。物流インフラとは、倉庫スペースや荷役などの荷役設備や、トラックなどの輸配送設備などが当てはまる。AI・IoTの進化により、これまで人が行ってきた作業が機械に代替されるため、サービス提供企業による物流インフラの差がなくなる。物流インフラが標準化され、さらには企業間の情報連携が整備されることにより、企業間で物流資産をシェアリングすることが実現できると筆者は考える。

　2つ目の標準化は、業務の標準化である。業務の標準化とは、属人化した物流現場の知識・勘をAI・IoTを使って形式知化することで省人化を図るものである。

物流インフラの標準化～シェアリング～

　近年、宿泊予約やタクシーの手配など、様々な生活サービスで需要と供給の情報をマッチングさせるためのプラットフォームが登場

している。これらのサービスは、シェアリングモデルという新たなビジネスモデルを創出している。シェアリングサービスは、宿泊予約やタクシーの手配だけでなく、ロジスティクスの分野でも広がりを見せている。この動きは、これまでのロジスティクスサービスを購入する方法や提供する方法を大きく変えると予想される。

先進的なシェアリングサービスでは、すべてのプロセスが、手続きの自動化・セルフサービス化されている。輸配送や荷役、保管といったロジスティクスサービスの利用者は、あらゆるロジスティクス領域で、大規模から小規模まで様々なサービス提供企業の中で、自社にとって最適な企業を選択できるようになってきている。

輸配送領域：求車求貨システム

輸配送領域では、「求車求貨サービス」という、空車を埋めたい運送会社と荷物を運びたい企業をマッチングさせることで輸配送車両のシェアリングを実現するサービスが提供されている。「ドコまっぷ」という求車求貨サービスは、GPSによって空車の位置情報をリアルタイムにポータルサイトへ集約し、空車を探している企業とマッチングしてくれる。ドコまっぷは、シェアリングによる輸配送車両の積載率や稼働率をあげることを実現するだけでなく、サービス提供者・利用者間の取引に介入しないため、中間マージンが発生しない仕組みになっているのが特徴である。

倉庫保管領域：スペースシェア

現在、「souco」という倉庫の空きスペースの需要と供給をマッチングするサービスが提供されている。soucoでは、倉庫の空きス

ペースを貸し出したい企業から貸し出すスペースの情報を集約して
ウェブサイトに掲載し、それを借りたい企業とのマッチングを行
う。また、マッチングが成立すれば、その場で契約手続きまで行う
ことができる。例えば、物量波動が大きく、一時的に在庫保管ス
ペースの拡張が必要なとき、必要な分だけ倉庫スペースを借りるこ
とができるのである。soucoの詳しいサービス内容は、第3章で紹
介する。

　IoTが発展すると、センサリングによって在庫量と倉庫の空きス
ペースを自動管理することが可能になるだろう。倉庫管理者は空き
スペース情報を確認し、スペース貸出の意思決定を行い、その情報
をシェアリング参画企業が集まるプラットフォームへ掲載すること
ができるようになる。もしくは、AIによる予測技術が発展する
と、AIによって在庫キャパシティオーバーが想定された際、倉庫
管理者の意思決定の下、キャパ不足情報をプラットフォームへ連携
させ、需要と供給のマッチングを行うことができるだろう。

　ロジスティクス4.0の世界では、倉庫における荷役作業が自動化
機器によって行われるようになり、デベロッパーが倉庫と荷役サー
ビスをセットで提供するようになることが考えられる。つまり、
シェアリングにおいても、単に倉庫スペースをシェアするだけでな
く、スペースと荷役を合わせてシェアすることが可能になるのであ
る。

　従来の倉庫オペレーションは、取り扱う商品特性に合わせて作業
プロセスが変わる。作業者をシェアするためには作業者への作業手
順教育に時間を必要とするため、シェアすることが困難であり、こ
れが倉庫シェアリングの課題であった。具体的に言うと、現状では
通常利用している倉庫のキャパシティが不足し、一時的に他の倉庫
スペースを追加で借りようとした場合、既存倉庫から一時借用倉庫

50

へ作業者をわざわざ送っていることが多い。しかしながら、物流が装置産業化していると、異なる商品を扱うことになっても短時間でAIが新しい作業手順を学習し、自動化機器がその作業を行うことができるようになる。よって、倉庫スペースだけでなく荷役のシェアも同時にできるようになるのである。

シェアリングを発展させるブロックチェーン技術

シェアリングを成立させるためには、需要と供給をマッチングさせた後、サービスを利用する企業とサービスを提供する企業の間で契約を交わし、決済処理を行わなければならない。ここで鍵となる技術がブロックチェーンである。

ブロックチェーンは分散型台帳技術と呼ばれている。これまではバリューチェーン上の各社が、それぞれ異なるシステムでデータベース（台帳情報）を保有しており、データ連携しようとするとデータ形式が違っていたり管理方法が異なっていたりと、多くの障壁が発生していた。

しかし、ブロックチェーンは、情報システムにおけるデータベースの一部（台帳情報）を複数者間で共有化して個々のシステム内に同一の台帳情報を保有することで、複数者間においてPtoP（Peer to Peer；端末同士が対等に通信を行うこと）での情報共有を実現させる。ブロックチェーン上で台帳を更新した際には、自動的に履歴が残されるだけでなく、台帳を共有している参加者にその情報が公開される仕組みであるため、高い透明性・信頼性を確保することができる。食料品などトレーサビリティが重要視される商品の流通においては特に、ブロックチェーン技術を用いて生産から消費までの情報を管理することが期待されている。

51

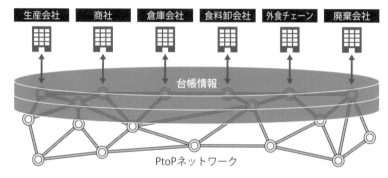

出典：NTTデータ公式ウェブサイト

図表 2-9　ブロックチェーンのイメージ図

　ブロックチェーン技術は、様々な領域へ発展活用することが検討されており、シェアリングサービスもその中の1つなのである。

　シェアリングにおけるサービス提供者とサービス利用者の間で契約締結・決済を行うには、第3者である仲介業者を挟むことが多い。そのため、仲介手数料が発生したり、契約・決済を完了させるまでに長い時間を必要としたりしていた。そこで注目されるのが、ブロックチェーンを活用したスマートコントラクトや仮想通貨の仕組みである。スマートコントラクトとは、予め契約の条件を取り決めて入力しておくと、その条件を満たした際、プログラムによって

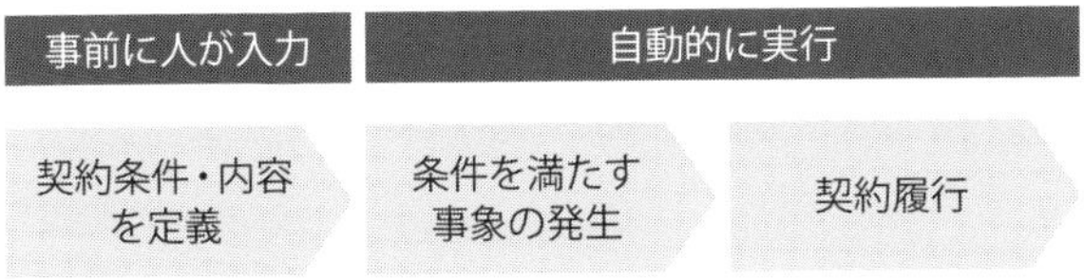

第2章　ロジスティクス 4.0 とはいったい何なのか？

事前に人が入力		自動的に実行
契約条件・内容を定義	条件を満たす事象の発生	契約履行

出典：Blockchain Biz Websiteを加工して作成
https://gaiax-blockchain.com/smart-contract

図表 2-10　スマートコントラクトのイメージ図

自動的に契約履行を行う仕組みである。

　前述の通り、ブロックチェーンは台帳の更新履歴が自動的に残されるだけでなく、台帳を共有している参加者にその情報が公開される仕組みであるため、透明性・信頼性が高いという特徴を持っている。つまり、スマートコントラクトをブロックチェーン上で実行すると、契約の改ざんができなくなる。よって、シェアリングサービスの提供者と利用者の間で契約を保証する第3者の仲介を省くことが可能となり、仲介手数料の削減や契約・決済のための時間を短縮させることができる。シェアリングサービスを成立させるためのインフラをブロックチェーン技術活用によって整備することで、シェアリングサービスの利用をますます増加させることが可能であると筆者は考える。

シェアリングによって何が変わるか？

　以上のように、プラットフォームが整備され情報が集約されると、マッチングサービスが登場し、配送トラックや倉庫スペースを必要な時に必要な分だけ利用するシェアリングが推進されるであろう。IT業界におけるSaaS（Software as a Service）や、自動車業

53

界における MaaS（Mobility as a Service）の考え方が、ロジスティクスに展開されるのである。ロジスティクス領域におけるこの考え方・コンセプトは、LaaS（Logistics as a Service）と呼ばれている。

　LaaSの考え方は、ロジスティクス業務にどのような影響を与えるのだろうか。従来、トラックや倉庫スペースなどの物流インフラが必要な場合は、自社で物流資産を所有しておくか、物流資産を保有する企業から一定期間借りる契約を結ばなければならなかった。しかしながら、シェアリングが浸透すると、自社で保有しておくべき物流資産を最小限に抑え、自社資産以上の物流サービスが必要な時には、必要な分だけをシェアリングサービスから購入することができるようになる。固定的な資産の減少に伴って、固定コストを低減させることができるのである。

　また、IoTがさらに普及すると物流資産の稼働状況をリアルタイムで把握することが可能になり、その資産の稼働率を上げるための施策としてシェアリングサービスを提供することができるようになる。

　例えば、トラックにIoTセンサーが搭載されると、いつ、どこでそのトラックが走っていたかを把握することができ、移動や遊休時間に関するデータを収集・分析し、シェアリングサービスとして提供するタイミングを把握することができる。

　さらに、IoTは車両不足の予測や、自動化されたメンテナンスのスケジューリングによって、車両のダウンタイムを削減することにも利用できる。その他マテハン機器にも同様にIoTを活用して稼働状況を把握し、稼働率向上のための施策を実施することができる。

　また、物流資産を保有していない企業では、今は他社からロジスティクスサービスを提供してもらう際、ある程度のボリュームを一

括で購入しなければいけないという縛りがあったため、閑散期で物量が少ないときには、使用していないサービスに対してもコストが発生することがあった。しかしながら、一括購入量を抑えて、適時シェアリングサービスを活用できれば、そのような余計なコストを低減できると考えられる。ロジスティクスサービスを利用する側はシェアリングサービスを活用することで、以上のような物流にかかわるコストの最適化を実現できるのである。

　一方で、ロジスティクスサービスを供給する側は、シェアリングサービスに参画することによって、空車や倉庫の空きスペースを遊休資産から売上に転換させることができる。シェアリングサービスの利用者がコスト最適化を図ることができるのに対して、提供者は売上向上を図ることができるのである。

　このようなシェアリングサービスは、特に今まで自社で物流アセットを持つことが難しかった中小企業へ大きなメリットをもたらすことが予想される。繁忙期などに急遽配車が必要になった場合や倉庫スペースが必要になった場合、サービス提供者は需要量が大きい大企業への販売を優先させるため、中小企業に需要があったとしても後回しにされる傾向にあった。これに対してシェアリングサービスは、小口でもサービスが提供されるだけでなく、どの企業も平等にサービス供給情報へアクセスできるのである。

　また、中小規模のサービス提供者はこれまで、営業活動の予算が大企業と比較して少ないため需要がある企業との接点を作ることが難しく、空車や倉庫の空きスペースの情報を他企業へ届けることが困難であった。このような企業も低予算で参画できるプラットフォームが構築されれば、企業の規模に関係なく、自社のサービスを数多くの企業へ情報発信することができるのである。シェアリングサービスは、ロジスティクスの企業間格差を小さくするのである。

55

属人的な業務を無くす標準化

AI・IoTの発展によって実現される2つ目の標準化は、属人的な業務をなくす業務標準化である。これは、日本型ロジスティクスの大きな課題である省人化の前提となる。IoTによって集積された情報をAIによって分析することで、属人化されていた物流現場の知識・勘を形式知化することを意味する。

第1章で述べた通り、顧客から求められるサービスレベルが高い日本のロジスティクスにおいて、昨今、業務の複雑化・高度化が進行している。これまでは業務経験を豊富に積んだベテランが、長年の経験によって培ってきた現場知識と勘を活用してロジスティクス業務を支えてきた。企業にとって大変有難い存在ではあるが、現場の知識・勘を形式知化しておかなければ業務が属人化してしまい、新人作業者の育成が困難になる。近年の労働力不足への対応として自動化機器・ロボットの導入が注目されているが、自動化機器・ロボットを導入するためには、業務が標準化されていることが前提となるため、今のままでは自動化機器・ロボットが適用される範囲が非常に限られてしまう。

このままロジスティクス業務が属人化し続けると、ロジスティクスは消費に関する意識が多様化する市場の変化に耐えられず、社会に対してサービスを提供できなくなることが懸念される。属人化を排除して業務標準化を行うためには、現場作業者の知識・勘をいかに形式知化できるかが鍵となる。ここでの大きな問題は、現場作業者の知識・長年の勘はブラックボックス化しており、作業者自身でさえも自らの知識・勘を定義することが難しいことにある。

この課題に対するソリューションが、AI・IoTの技術である。先述した通り、ディープラーニング技術を有する第3世代のAIは、

第2章　ロジスティクス4.0とはいったい何なのか？

膨大なデータを自ら解析して学習し、知識を身に着けていくことができる。さらには人間が定義できなかった現場作業者の知識・勘に関するルールを定義することができる。つまり、ブラックボックス化されていた知識・勘を形式知化させることができるのである。ここで肝となるのは、第3世代AIが、学習するために必要となる膨大な量の情報をIoTによるセンサリングによって収集することなのである。

　以上のように、AI・IoT技術を活用することによって、属人的な業務を標準化させることが期待できる。以前の技術レベルでは自動化に向けて高いハードルがあった業務領域にも、AI・IoT技術を活用すればそれが可能になるのである。

57

4 ロジスティクス 4.0 で実現される省人化

　AI・IoT によって実現されることのもう一つは、ロジスティクス業務における省人化である。第1章で述べた通り、人手不足は日本の物流現場において喫緊の課題である。AI・IoT 技術を起点とした新テクノロジーの活用は、この課題解消に大きく貢献することが期待できる。なぜならば、AI・IoT を活用することで、これまで人が行っていた業務をデータ化し、ロボットなどの自動化機器へ任せることが可能となるためである。本節では、人の代わりに業務をこなす新たな技術を紹介し、それらの技術によって、ロジスティクス4.0の世界では業務がどのように変わるのかを説明する。

輸配送分野の省人化を進める新技術

◆自動運転車

　まず、輸配送の領域において省人化に貢献する技術として最も大きな注目を浴びている自動運転車は、AI・IoT の代表格だと言える。

　「官民 ITS 構想・ロードマップ 2018」によると、自動運転は5つのレベルに分けられて定義されている。レベル1はドライバーが運転している最中にシステムが前後・左右のいずれかを制御し、運転の支援を行う段階である。近年販売されている自動車に搭載された自動ブレーキ機能は、このレベルに当てはまる。

　レベル2は、レベル1の機能にプラスしてシステムが前後・左右の両方を制御し、ドライバーを支援する。レベル1からレベル2ま

58

では、基本的な運転をドライバーが制御することになる。

その一方で、次段階であるレベル3からレベル5はシステムによる運転制御を基本とする。

レベル3は、一定の条件下でシステムが自動運転し、システムから要求された際にドライバーの介入が必要な段階を指す。つまり、レベル1からレベル2までと同様に、レベル3においてもドライバーは常に乗車していなければならない。

その次の段階であるレベル4は、ある特定の条件下において、完全にシステムによる自動運転が行われる段階を指す。条件をクリアしている地域内ではドライバーが車に乗らずとも貨物の輸配送が可能であるため、レベル4の自動運転では非常に大きな省人化効果が期待できる。

レベル		概要	安全運転に係る監視、対応主体	ドライバーの乗車
レベル5	完全自動運転	・システムが全ての動的運転タスク及び作動継続が困難な場合への応答を無制限に（すなわち、限定領域内ではない）実行	システム	不要
レベル4	高度運転自動化	・システムが全ての動的運転タスク及び作動継続が困難な場合への応答を限定領域において実行	システム	不要（限定領域外では要）
レベル3	条件付自動運転	・システムが全ての動的運転タスクを限定領域において実行 ・作動継続が困難な場合は、システムの介入要求等に適切に応答	システム（作業継続が困難な場合は運転車）	要
レベル2	部分運転自動化	・システムが縦方向及び横方向両方の車両運動制御のサブタスクを限定領域において実行	運転者	要
レベル1	運転支援	・システムが縦方向又は横方向のいずれかの車両運動制御のサブタスクを限定領域において実行	運転者	要
レベル0	自動運転化なし	・運転者が全ての動的タスクを実行	運転者	要

出典：高度情報通信ネットワーク社会推進戦略本部・官民データ活用推進戦略会議「官民ITS構想・ロードマップ2018」筆者加筆

図表2-11　自動運転のレベル分け

さらに発展したレベル5では、常にシステムがすべての運転を行い、ドライバーを完全に不要とする。レベル5は省人化からさらに発展した無人化の領域だと言える。

　自動運転は、政府主導で2018年1月より高速道路での隊列走行の実証実験を開始しており、東京〜大阪間での高速道路での自動運転の運用を2022年度までに達成することを目標としている。また、トヨタ自動車では2020年の実用化を目指した高速道路における運転のデモ走行を行うなど、現時点ではシステムの要求に応じて操作を必要とするレベル3の段階まできている。レベル4の自動運転も開発が進められており、近い将来実現されるであろう。

　レベル4以上の自動運転は、大きな省人化効果が期待されるため、ロジスティクス4.0に値すると言えるのではないだろうか。前述の通り、現在、日本では限定された地域や高速道路での完全自動運転が検討され、実証実験が行われている。レベル4の自動運転が実現されれば、幹線輸送を自動運転に切り替えることが可能になり、長距離トラックドライバーの数が不足している今日において、人手不足を解消する大きな要素となることが予想される。

　幹線輸送の部分を自動運転車に任せることができれば、ドライバーは路線バスの運転手のように、ある一定の区域内で業務にあたることになる。そのため、長距離トラックドライバーがこれまで抱えていた、遠方への輸配送により家へ帰れない、十分に休息がとれないため仕事がきついといったようなワークライフバランスの課題を解消することができる。

　さらに、幹線輸送を自動運転車に任せることで、人件費を大幅に削減することができる。また、通常のトラックで運べるようなモノであれば、輸配送の品質・スピード・費用に企業間の差異がなくなるため、自動車メーカーが輸配送業務を提供することになる。従来

は運送会社がトラックメーカーから車両を購入し、輸配送サービスを提供していたため、荷主側から見ると運送会社が中間業者となり、トラックの車両代に対し運送会社の利益や金利などの中間マージンを支払っている構造になっていた。しかし、自動車メーカーが輸配送サービスを提供するようになれば、これまで発生していた中間マージンがなくなるため、輸配送費を低減させることが可能になる。

　自動運転車両によって幹線輸送に関わるトラックドライバーの人件費やトラック車両代の中間マージンを削減できるとなった場合、輸配送サービス利用者が荷主への輸配送売価を大きく下げないのであれば、コスト削減できた分をドライバーの給与に充てることができる。自動運転車のドライバーにとって、ワークライフバランス・収入向上につなげられるのである。

　ただし、レベル4では、自動運転が許可された地域から自動運転が許可されていない地域へ車両が移る際に、運転をシステムからドライバーへ切り替えることが必要になることを留意しておかなければならない。例えば、高速道路を降りるところで自動運転トラックをドライバーが待ち受けており、そこから先の運転はドライバーへ切り替え、一般道を通って納品することになるのである。レベル4の自動運転車を実装する際には、この運用方法を予め設計しておかなければならない。

　ここで鍵となるのが、IoTによって自動運転車の位置情報をリアルタイムで管理することである。自動運転車の位置情報をドライバーが管理できれば、何時にドライバーが自動運転から人による運転へ切り替わるポイント（場所）へ向かい、トラックを引き取ればよいのかがわかる。ドライバーと自動運転車の間でコミュニケーションを取ることで、効率的な運用が可能になるのである。

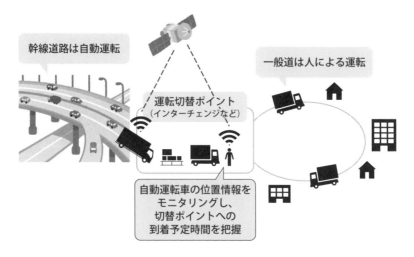

図表2-12　自動運転車運用のイメージ図

◆自動運航船

海上輸送の領域では、海上ブロードバンド通信やAI・IoT技術の進歩による自動運航船の技術発展が期待されている。自動運航船では、基本的にシステムによる自動運航で、船員は機械が下す判断を監視・承認するのみになる。ただし、船の操縦で最も困難だと言われる接岸時の操縦や荷役は、自動操縦のアシストを受けながら人が行う。従来、複数人の船員が乗船していなければならなかったが、自動運航技術によって船員数を大幅に減らすことができる。

◆ドローン

先述の通り、幹線道路での輸配送は自動運転トラックの利用、海上では自動運航船が省人化に有効だと言われている。それと同時に、ラストマイル配送では、ドローン（無人航空機）の活用が期待されている。ドローンは、他の輸配送モードと比較して積載貨物量が小さいことや輸配送可能な距離が短いこと、天候によっては飛行

第2章 ロジスティクス4.0とはいったい何なのか？

出典：国交省海事局「自動運航船に関する現状等」平成29年12月を加工して作成
http://www.mlit.go.jp/common/001215815.pdf

図表 2-13　自動運航船イメージ図

できないことから、従来の鉄道・船舶・航空・トラックでの輸配送に完全に取って代わる輸配送手段にはならないと考えられる。しかしながら、飛行条件が揃えば、ラストマイルでの有効な輸配送手段だと言える。ラストマイルの配送は、幹線輸送よりも小ロットであり、さらには、納品時間に対する要求レベルが高いため、多くの人手をかけることで業務をこなしている。よって、ラストマイル配送でドローンを活用することは、大きな省人化効果を期待することができる。

現在、多くの企業がドローンによる荷物の配送を試みて実証実験を行っている。最近行われたマンション宅への配送実験では、事前にインプットされた住所までドローンが荷物を届け、マンションの

63

コンシェルジュ役が建物内に待機していた地上配送用のロボットへその荷物を積み込み、そのロボットが該当の部屋まで荷物を届けることに成功した。IoT技術を活用すれば、今後、コンシェルジュが介在せずとも、ドローンと地上配送用ロボットが自律的にコミュニケーションを取り、荷物の積み替えを行うだろう。

このように、ドローンは配送ドライバーに取って代わって配送業務を担うことが可能となり、配送ドライバーの省人化を実現できるのである。

また、都市部での配送は、交通渋滞に影響を受けることが多々あるが、ドローンには交通渋滞がないため、予定時間通りに配送することが可能になるというメリットもある。

都市部のみならず、地方の遠隔地への配送においてもドローンの活用が期待されている。従来は利益率が低い遠隔地への配送や小口の配送であっても、配送ドライバーが一件ずつ納品先を回って荷物を届けていた。ドローンは、そういった人の手による配送が経済的に難しい場所への配送手段としても、活躍が期待される。

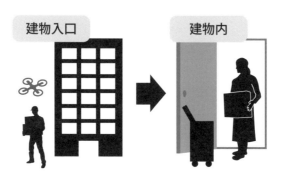

マンションやアパートが多い都市部では、ドローンが建物の入口まで配送し、建物内は地上搬送ロボットが配送する。現段階ではドローンから地上搬送ロボットへの荷物積み替えを人が行っているが、M2Mのコミュニケーションが進展すれば、人の介在を省くことが可能になるだろう。

図表2-14　ドローン運用のイメージ図

第2章　ロジスティクス4.0とはいったい何なのか？

◆AIと輸配送管理

　これまで配車計画の立案は、豊富な経験を持つ配車担当者が行っており、そのノウハウは形式知化されないのが通常であった。そのため、新人の教育には長い月日が必要となった。まさに属人的で、人手不足問題の影響を受ける分野である。

　しかしながら、AI技術が発展すると、このようなベテランの配車担当者が経験と勘で行っていた配車計画をAIの活用によって自動化し、省人化することができる。配車システムにAIを組み込めば、過去の配車実績から分析を重ねた高精度な車両需要の予測をもとにして配車計画を作成し、車両手配を行うことが可能になる。さらに、過去の配送実績と現在の交通状況をもとにして、AIは、最適なルートを導き出すことができる。ベテラン配車担当者の経験と勘でも気づかない最適解をAIは導き出すことができるのである。

　上述の通り、配車業務は非常に属人的であり、人手不足によって業務が回らないという課題を抱えている企業が多い。AI技術を活用した配車システムが普及することで配車業務が自動化され、人手不足問題が解消されることが期待される。

倉庫業務の省人化を進める新技術

◆IoT技術とロボティクスによるオペレーションの効率化・省人化

　輸配送の領域で自動運転車やドローンによる省人化が期待されているのに対して、保管・荷役の領域ではRFIDの活用やピッキングロボットの導入による省人化に高い期待が寄せられている。

　まず、RFIDの活用による省人化を説明したい。本章の第2節で説明した通り、RFIDはバリューチェーンの上流から下流までモノの動きに関する情報をリアルタイムで吸い上げて可視化するツール

65

として注目されている。モノの動きに関する情報を吸い上げるこの技術が、倉庫業務の一部でも活用できるのである。

　例えば、入荷検品や返品検品は、各商品に取り付けられたRFIDをRFIDゲートやRFIDガンでスキャンすることで、商品コード・数量などを瞬時に庫内管理システムへ取り込むことが可能になる。出荷業務においても、商品に取り付けられたRFIDをスキャンすることで、出荷検品を素早く正確に行うことができる。RFIDを利用することで、従来よりも入荷検品・出荷検品ともに約9割の工数削減効果が出ている事例もある。

　在庫情報を遠隔で読み取れるRFIDは、棚卸業務でも活用されることが期待される。RFIDは電波が届く範囲であれば遠くにあってもタグの読み取りが可能なため、高い所に保管している商品や箱の中の商品を取り出すことなく広範囲に一括で商品コード毎の数量を把握することができる。

　よって、RFIDを導入しているアパレル店舗ではすでにRFIDを用いた棚卸を行なっており棚卸工数を9割削減している事例もある。

　しかし、倉庫での在庫管理は店舗とは違い、倉庫全体で商品コード毎の数量を把握すればよいわけではなく、ロケーション単位で商品コード毎の在庫を把握する必要がある。

　したがって、棚で在庫管理している従来型の倉庫では、棚に設定した間口単位で細かく在庫を管理しているため、遠隔で情報を読み込むことができるRFIDでは、読み取り対象の近くの商品タグも読み取ってしまうため、間口単位でのRFIDタグの読み取りはできない。

　一方で、自動倉庫で在庫を管理している場合は、自動倉庫内でのロケーション管理をオリコン単位で行なっているため、オリコンを

自動コンベアラインに払出し、RFIDゲートを通すことでロケーション単位の在庫数を自動でカウントすることができる。

　倉庫内業務で最も多くの人・時間を割いているピッキング作業では、ピッキングロボットの技術進歩が期待されている。ピッキングは庫内作業にかかる工数の約7割を占めると言われており、このプロセスが省人化されれば、庫内業務全体へのインパクトが大きい。
　一言でピッキングロボットと言っても、その種類は様々である。AGV（Automatic Guided Vehicle）はピッキングロボットの一例である。代表的なものとしては、ピッキング作業者が立っている定位置までピッキング対象の商品を棚やケース単位でピッキング作業者が作業する場所まで搬送する定点ピッキング型AGVがある。ピッキング作業者が歩行することなく作業ができるため作業者の習熟度に影響を受けることなく、安定的に高い生産性のピッキングが実現できる。

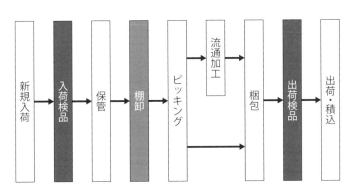

※倉庫によって省略される業務もある。
※自動倉庫化すると、オリコン/パレット単位（＝ロケーション単位）での在庫数が管理でいるため、RFIDで棚卸できる。

図表 2-15　RFIDを活用できる庫内業務

また、近年、AGVの中でもAI技術を導入したAMR（Autonomous Mobile Robots）を使用したピッキングロボット型も登場している。従来のAGVは床にマーカーや磁気テープなどを貼り、それに沿って移動する仕組みであるが、AMRはそのような「道しるべ」がなくとも、倉庫レイアウトをインプットするとAIによって自律的に移動することができる。したがって、ロボットがピッキングする商品のロケーション付近まで自律的に移動し、近くにいるピッキング作業者が割当てられるため、ピッキング作業者は指示を受けた棚の近くでロボットが来るのを待ち、ロボットが到着したらピッキングするロケーション・商品・数量がシステムから指示されるので、指示通りのピッキングを行い、AMRにその商品を渡す。そうすると、ロボットは次のピッキングロケーションへと自動的に移動する。ピッキング作業者に歩行は必要となるが、従来のピッキングと比較すると、ピッキング工程の大部分をロボットが担うため、作業者の習熟度に影響を受けることが少なく、安定して高い生産性を出すことができる。

　定点ピッキング型のAGVを導入していることで有名な企業として、Amazonが挙げられる。Amazonは、その資金力から倉庫業務改革に対して大規模な投資を行うことが可能である。しかしながら、日本中の企業がAmazonのような大規模投資をすることができるわけではない。また、定点ピッキング型のAGVを導入するためには、倉庫内のレイアウトやピッキング業務プロセスをAGVが適合するように変更しなければならず、昨今のようにビジネス環境の変化が激しい状況では、投資回収する前に自社のビジネスがAGVに適合しなくなってしまう可能性がある。

　一方で、ピッキングロボット型AGVは、倉庫内レイアウトや業務プロセスの変更が少なくすみ、ビジネス環境の変化に対する柔軟

第2章　ロジスティクス4.0とはいったい何なのか？

比較項目	ピッキング作業	
	定点ピッキング型AGV	ピッキングロボット型AGV
導入費用	大	小
導入にかかる期間	大	小
省人化効果	大	中

図表2-16　定点ピッキング型AGVとロボットピッキング型AGVの比較

性が高い。ゆえに、ピッキングロボット型AGVは、今後、多くの企業において省人化するためのソリューションとして登場するであろう。

　このように、ピッキング作業を省人化するソリューションにはそれぞれ特徴がある。ピッキング作業における省人化を目指す企業は、自社が期待する省人化効果や導入費用、導入にかかる期間などの軸を用いて各種のソリューションを比較し、それぞれの倉庫に適したものを選定することが必須である。

バリューチェーン全体に影響を与える省人化

◆AIによる需要予測

　現在、多くの企業では、過去の生産/販売実績データを担当者がExcelで管理し、需要予測を立てている。また、この需要予測は過去実績の分析からロジカルに導き出された需要傾向をもとにして算出するだけでなく、担当者の経験や勘を加味するための「意思入れ」が行われたものである。しかしながらこの需要予測の精度が高くないという課題が多くの企業で見受けられる。需要予測の精度が低いということは、物流作業ボリュームの予測も低くなる。そのため、これまでの物流現場では、予測よりも実際に処理しなければな

69

らない作業ボリュームの方が多くなり、作業者数が不足することを恐れ、予測作業ボリュームに対して多めに作業者を用意することが多かった。この予測精度が低いという課題に対しても、AI・IoT技術の活用が期待されている。IoTによって吸い上げられた過去の生産・販売実績データをAIが解析して需要予測を立て、生産・販売計画を立案することで、予測精度を向上させることが期待されている。予測精度が高まれば、これまでのような多めに人手を準備しておく必要がなくなり、作業ボリュームに対して適正な人数で処理することが可能となる。

　また、現行の需要予測立案業務の課題として、その他にも需要予測を立てる作業に工数がかかるということがある。需要予測のもととなるデータをITシステムから抽出し、分析できる形式へ加工、その後分析を行うという、いくつものプロセスを踏まなければならない。さらには、算出された需要予測を社内の他部署や関連会社（サプライヤーや卸業者、物流会社など）と共有する際も、Excelをメールに添付して送付するなど、マニュアルでの作業が多く発生している。AI・IoTを活用すれば、自動で予測を立てることができ、さらには、その他の計画系システムへ自動連携させることで、マニュアル作業を排除し、省人化を実現させることができる。

◆ブロックチェーン活用による貿易業務省人化
　ブロックチェーンの技術は、シェアリングを促進させる技術としても注目されているが、その他に、貿易業務での活用も期待されている。
　現在の貿易取引では、輸出者、輸入者、輸送会社、金融機関など複数の関係者の間で、船荷証券（B/L）、船積み指示書（S/I）、梱包明細書（P/L）、信用状（L/C）、原産地証明など多くの書類を必

要としている。この中でも特に重要な書類は、貨物を引き取る権利を有する有価証券の船荷証券（B/L）や輸出者（売り手）と輸入者（買い手）の双方のリスクを回避するために銀行が発行する信用状（L/C）であるが、これらは改ざんや紛失のリスクを防ぐため、メールや郵送による書面、PDFでのやり取りが原則の運用となっている。したがって、船足の短いアジアとのやり取りの場合においては、貨物の到着よりも、輸入者への書類到着が遅くなり、輸入者が貨物到着後すぐに貨物を引き取れないことがある。港によっては、書類到着を待っている間の保管費用が追加請求される場合も発生する。また、人手により書類の再入力や誤入力のチェック・修正などをおこなう必要があるため、内容確認にも多くの時間をかけているのが現状である。

　したがって、貿易書類の電子化は、貿易関連業界の共通の課題であったが、貿易取引では、輸出入業者に加え、運輸会社・通関業者、銀行、保険会社、各国の税関や輸出入監督官庁など、様々な取引関係者が存在するため、EDIに必要なITインフラの構築などについて全世界ベースで足並みをそろえるのは容易ではなく、なかなか実現しなかった。

　しかし、ブロックチェーンの技術を用いることで、中央集権的なサーバーを持つことなく耐改ざん性や耐障害性を兼ね備え、複数の取引関係者で情報の共有することを可能とする分散台帳での管理により、複数の関係者間で情報を共有することができる。それにより、書類受け渡しにかかる時間を短縮することができ、輸入者は貨物到着後に書類の到着を待たず、すぐに貨物を引き取ることが可能となる。また、紙ベースの書類のやりとりが削減されるため、事務手続きが効率化され、作業がシンプルになることにより、ミスの軽減やコストダウンにもつなげることができるのである。

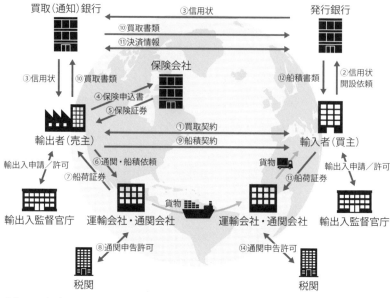

図表 2–17　貿易取引の現状イメージ

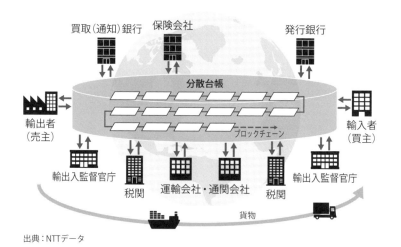

図表 2–18　ブロックチェーン技術導入後のイメージ

第2章　ロジスティクス4.0とはいったい何なのか？

◆アシストスーツ

　前述の通り、今後、多くの物流業務において、その担い手が人から機械へ移行するだろう。そのような直接的に省人化を達成させて人手不足問題を解消させる技術があるのと同時に、直接の省人化ではないものの、物流作業を担うことが可能な人材の幅を広げることで、人手不足問題を解消する技術も存在している。その一つが、アシストスーツであり、筆者はこれも省人化の一つの形だと考える。

　アシストスーツは、装着すると人の動作を支援し、動作にかかる身体の負荷を軽減させることが可能になる。物流現場の作業は肉体労働が多いため、これまでは身体への負荷を考慮して比較的年齢の若い作業者が多かった。しかしながら、アシストスーツを装着することによって、身体的な負荷が軽減され、シルバー人材でも現場作業を行うことが可能になる。つまり、これまでよりも幅広い年齢の人材を雇用できるようになるのである。日本のような先進国では高齢化が進み、人手不足問題の解消には、シルバー人材の活用がそのポイントになるのではないかと考えられている。シルバー人材を活用して人手不足を解消するロジスティクスの姿は、グレーパワーロジスティクスと呼ばれている。アシストスーツは、まさにグレーパワーロジスティクスを体現し、雇用の幅を広げ、人手不足の問題を解消する一助となるだろう。

73

図表2-19　アシストスーツの使用イメージ

◆3Dプリンタ

　近年、これまでのサプライチェーン構造を大きく変革させる技術として、3Dプリンタが注目されている。従来は消費地から離れた場所にある工場で生産した製品を工場から物流センターへ運び、そこで一時保管し、物流センターから消費者の元へ製品が届けられて

いた。海外に工場があり、そこで生産された製品を日本の消費者へ届ける場合には、工場から消費者の間における物流に何カ月もの月日を要し、多くのコストがかかっていたのである。

　一方で、3Dプリンタを利用すると、製品の3Dデータと原材料さえあれば、あらゆるモノを大規模な設備なしで製造することができ、消費者から離れた地域で工場を構える必要がなくなる。実際に海外ではトラックに3Dプリンタを搭載し、消費者が注文したら、最も近くにいるトラックに注文データが送られ、製品を生産しながら配送するという事業が検討されている。

　3Dプリンタを活用すれば、生産地と消費地の間の物流が減少し、そこにかかる人手を削減し、省人化を実現することが可能になる。また、物流プロセスが省かれるということは、そこにかかっていたリードタイムとコストも大幅に削減させることが可能になるのである。

　以上のように、現在、ロジスティクスのあらゆる業務において、これまで人が行っていた作業を機械が担うようになってきている。今は実証実験段階である技術も、あと数年でそれが実用化されるレベルまできている。このような技術が普及することで、物流業務は省人化し、昨今の人手不足問題を解消していくことができると筆者は考える。

5 ロジスティクスを取り巻く環境の変化

物流産業の装置産業化によるボーダレス化

　ロジスティクスに携わる者として最も重要なことは、先述したAI・IoTを活用したロジスティクス4.0の世界で省人化・標準化が実現することにより、我々を取り巻く環境にどのような変化が起きるかを読むことである。そして、来るべきロジスティクス4.0の時代に備え、今から企業や個人として準備しておくことが、今後の企業成長や個人の価値向上を図る鍵を握るのは確実であろう。筆者は、ロジスティクス4.0による産業の変化は2点あると考えている。

　1つ目は、物流サービス提供者のボーダレス化である。従来、労働集約型産業である物流業は、改善活動により生産性を向上させ、コストを下げることが求められ、高い生産性や低コストオペレーションが企業の強みとなっていた。今後、人が行っていた作業がロボットなどの自動化機器に置き換われば、パフォーマンスが変化することが想定される。つまり、これは物流業が労働集約産業から装置産業化することを意味する。

　また、業務が標準化されることにより、物流施設や設備、システムなどのコモディティ化が進み、企業・業界の垣根を超えた物流資源の共有化が可能になるだろう。これまでは経営体力を持つ一部の企業が多くの物流資産を保有することが、その企業の競争力の源泉となっていた。しかし、物流資源の共有化が進むことによって企業間の物流施設・設備・システムが同等となるため、企業間の物流品質に差がつかなくなる。

76

第 2 章　ロジスティクス 4.0 とはいったい何なのか？

　装置産業化することにより、将来は物流資産を持つ会社が、業界や業種の垣根を越えて、物流サービスを提供する存在になると考えている。例えば、不動産デベロッパーは、自動化設備を備え付けた物流施設を提供するようになるだろう。これはつまり、従来は倉庫スペースの提供を商いとしていた企業が、荷役サービスまで提供するようになることを意味する。そのことにより、複数の荷主が AI やロボットを使った商品管理や輸配送などのサービスのシェアリングを行うであろう。

　また、Amazon に代表されるような E コマース通販企業も物流サービス提供者となり得るだろう。ロジスティクスは、彼らにとって企業戦略の柱である。そのため、サービスレベルを向上させようと、物流に対して積極的に投資を行ってきた。ゆえに、大規模な設備を自社で所有しているケースが多い。

　一方で、E コマース通販ビジネスは、季節によって取り扱う商品の種類や大きさ、取り扱い量の差が大きいため、設備の平均稼働率を上げることが難しいという課題を抱えている。その課題を解決するための施策として、今後は自社が持つ物流サービスを他社へ提供する、つまりシェアする企業が増えると考えられる。

　トラックメーカーは、車両を製造し、輸配送サービスを提供する企業や組織へこれを販売するというこれまでのビジネスモデルから、マッチングサービスや自動運転、IoT の活用によって、自社で製造した車両をマッチングサービスで配車し、自動運転時の運行管理、メンテナンスサービスまでエンドトゥーエンドで輸配送サービスを提供するというビジネスモデルへ変革するであろう。

　それでは、物流業を本業とする事業者の現状はどうかと言うと、設備投資の面で後れをとっているのが現実である。これには、日本の物流サービスの契約は、一般的に平均 3 年から 5 年の契約期間で

77

結ばれることが多く、契約形態も請負契約であることが大きく影響している。限られた短い契約期間の中で、物流事業者は設備の投資回収を行う必要があり、大規模な設備投資を行うと荷主へ請求する料金にそれが転嫁される。そのため、サービスの販売価格が高くなってしまい、業務の受注ができ難くなってしまうことになる。したがって、物流事業者は、物流業務を回していくことに関して様々な知識や経験を持っているが、設備投資の面では、物流を自社で行う企業などよりも後れを取っているのである。

　今後、「物流業」が装置産業化することにより、物流サービスを提供する企業は、アセットを所有する会社が中心となるだろう。このままでは、アセットを持たないフォワーディングや3PLなどの物流仲介業者は他社へ物流サービスの提供することが難しくなり、淘汰されてしまうことになる。

　しかし、物流仲介業者は、これまでに培った経験や知識をデータ化し、その知を提供することで、荷主企業や新たに物流サービスを提供する企業に対して、重要な役割を果たすことができるようになる。このように、現在ロジスティクスに関わる企業は、これからの社会に対して提供できる付加価値をもとに、新たな姿へと変革すると筆者は考える。

物流人材のホワイトカラー化

　ロジスティクス4.0の世界における産業の変化の2つ目は、物流人材のホワイトカラー化である。

　物流はこれまで、利益を生み出さないコストセンターと認識されてきた。そのため、企業の中での典型的なロジスティクス部署は、サプライチェーンの中における実行系の機能として、現場で地道に

第2章　ロジスティクス4.0とはいったい何なのか？

継続的な改善活動を行い、無駄を省いてコストを1円でも下げることに全精力を注いできた。しかし、現在は人海戦術で行われている単純作業を、今後はロボットなど自動化設備が行うことで、人の習熟度や経験などによるパフォーマンスの差が少なくなる。そのため、将来のパフォーマンスを最適化するために作業実績を分析して改善施策を立案する従来の「後始末型」管理の必要性は少なくなるだろう。その代わり、投資戦略、新サービス開発、物流ネットワーク戦略など「前始末型」の戦略策定がロジスティクス部署のコア業務になると筆者は考える。つまり、省人化、標準化されて業務のパフォーマンスに差がなくなるロジスティクス4.0の世界では、物流の管理手法がこれまでの「後始末型」から「前始末型」へ変化するのである。

　コア業務の変化に伴って、ロジスティクス部署に求められる企業内での役割が大きく変化するため、今まで保守的で人材の流動が少なかったロジスティクス業界へ、他業界・異業種から「前始末型」の業務に強みを持つ事業戦略、人材戦略、投資戦略などの戦略に強みを持つ人材が多く流入してくるのではないだろうか。人材の流動性が向上することにより、従来の固定概念を捨て、技術革新への取り組みが活発化することが期待される。また、人材が流動化しても事業成長が続くロジスティクス基盤やマネジメント体制が業界全体として構築されていくと筆者は考える。

COLUMN

物流は真心を込めたサービスだ

　ロジスティクス4.0が浸透あるいは進展していくことで、人々の暮らしは様変わりすると思います。インターネットを媒介とした通信販売はますます発展するとともに、より便利な世の中へと変貌を遂げるでしょう。多様化する消費行動がAIによって分析され、ほしいモノがすぐに手に入る時代の到来です。そのなかで、物流が果たす役割がますます重要となることは言うまでもありません。

　しかしながら、どんなにテクノロジーが進化しても、唯一の顧客接点である配達だけは人の手によるものとして残るであろうと考えています。むしろ残ってほしいという願望もあります。なぜなら配達は真心を込めたサービスだからです。

　配達の現場では日々ドラマが繰り広げられています。発荷主は思いを込めて発送し、着荷主は到着を心待ちにしています。故郷に住む両親から、都会に住む子供に向けて送られるお米や野菜かもしれません。あるいは、一生懸命に働いた末にインターネット通販で購入した商品かもしれません。ドライバーは配達という業務を通して、その瞬間に立ち会うのです。人の手を介して成立する業務である故に、ドライバーの「お届けにあがりました」の一言がドラマの終演に相応しいのではないでしょうか。

　さて、そのドライバーも現在は人手不足・高齢化と言われています。物量が増えたのは言うまでもありませんが、再配達問題を中心として作業環境の悪化が指摘されています。もはや、物流業者だけの問題ではありません。物流業者に加えて、発荷主、そして着荷主が一緒に取り組まないと解決できない問題になっています。今こそ「物流を守れ」を合言葉に、この大切な社会インフラを見直すときが来ているのではないでしょうか。

　物流の真心は、この先もずっと継承していきたいものです。

第 **3** 章

現在＝ロジスティクス 3.X の姿とは

1 ロジスティクス 4.0 に向けて歩み始めた企業

　これまで述べてきたように、技術のイノベーションを契機として、過去3度の産業革命がもたらされた。そして今日、社会全体の仕組みを大きく変え得る4度目の転機を迎えていることは、読者の肌感覚でも明らかであろう。2章ではロジスティクスにおけるパラダイムシフトをロジスティクス4.0と定義したが、ロジスティクス4.0を体現できている企業はまだ現れていない。しかしながら、遠くない未来に確実に実現するものであると確信している。

　実際に、ロジスティクス4.0を目指して着実に歩みを進めている企業も存在する。ロジスティクス4.0への過渡期である現在をロジスティクス3.Xとすると、企業の歩みはどこまで進んでいるのだろうか。また、ロジスティクス3.Xからロジスティクス4.0へ辿り着くまでには、どのような課題が待ち構えているのだろうか。次節からは、ロジスティクスの各分野において先進的な3社の「今」を垣間見ることで、ロジスティクス3.Xとロジスティクス4.0の間に横たわるリアルなギャップを述べていく。

2 事例① 先進的なロジスティクスを構築する e コマース企業

荷主企業にとってのロジスティクス4.0

　ロジスティクス4.0の世界に向けて、荷主企業のあるべき姿・取るべき物流戦略は大きく変化するだろう。これまで見てきたように、生産すれば商品が売れていた大量生産・大量消費の時代は終わり、①最適な在庫管理・②コストの削減・③サービスレベルの向上という、トレードオフの関係にある3要素すべてに対して厳しい課題が突き付けられ、荷主企業を苦しめている。そしてこの課題を解決するのが、ロジスティクス4.0であるということはもうおわかりだろう。ただし、荷主企業が目指すべき姿は単なる省人化・標準化ではない。企業の強みを維持・成長させることができる省人化・標準化である。

①最適な在庫管理

　ロジスティクス4.0の世界において、荷主企業は在庫管理から解放されるだろう。あらゆる場面でIoTを活用し、生産から販売まで一貫した情報管理が行われることで膨大なデータを蓄積できるようになった。しかしこれまでは、膨大なデータを蓄積できたとして

も、分析・活用するための機能・能力が追い付かず、無駄なデータとなってしまっていた。しかし、ロジスティクス4.0では膨大なデータとAIを掛け合わせることで、飛躍的に処理速度と品質を向上させることができる。

　生産計画、生産状況、販売計画、販売状況、在庫状況、交通情報、世の中のトレンド、そして日本企業の強みである現場の知恵、これらがデータ化されAIで分析されることで、サプライチェーンにおける需要予測や供給計画は限りなく正確なものとなる。

　さらに、IoTによるリアルタイムな情報がシームレスに連携されることで、予測や計画に対して迅速な見直しが可能となる結果、無駄のないロジスティクスを実行し、最適な在庫管理が実現するのである。

②コストの削減

　典型的な労働集約産業であった物流プロセスの大部分は、ロジスティクス4.0によって人以外の労力が担う事となり、荷主企業のコスト削減に結び付く。①で述べた、需要予測、供給計画、在庫管理だけでなく、倉庫内業務である荷役、ピッキング、仕分け、検品、梱包もAI・IoTを活用したロボットによって代替されていく。

　さらに、商品の生産時にRFID等が付与されることで、個体識別が容易になりトレーサビリティが向上する。各プロセスで、人が作業をすることによるケアレスミスが減り、クレームや返品対応も減る。これらによって、人件費や保管費、荷役費が大幅に削減できる。

　また、人を中心に物流センターを構築する必要が無くなるため、保管効率の高いレイアウトやロボットの動きやすい動線に合わせたレイアウトを採用する事ができるようになり、ここでもコストの削

第3章　現在＝ロジスティクス3.Xの姿とは

減が可能となる。ただし、今後も現場の知恵・改善を日本の競争優
位としていくためには、AIの飛躍的な進化や革新的な技術が登場
しない限り、物流プロセスにおいて人が担うべき業務は無理に機械
やシステムに置きかえず人が行うべきだろう。

③サービスレベルの向上

　ロジスティクス4.0は、サービスレベルの向上に寄与し顧客の利
益にも貢献する。②で述べたように、ロジスティクス4.0では、シ
ステムやAI・IoTによって精度の高いデータが導き出され、ロボッ
トが作業を実行する。各工程における人為的なミスは発生せず、作
業効率も高くなる。つまり、顧客への納品ミスを減らしながらも、
リードタイムを短縮することが可能であるため、サービスレベルが
向上すると言える。

　さらに、付加価値向上の為に行われてきた属人性の高い業務を形
式知化することで、日本の強みであるサービスも維持していくこと
が可能である。しかし、先述のように、多様であり変化する顧客の
ニーズを満たすためには、人が考え、そのアウトプットを形式知化
してAIに学習させていく必要があるだろう。

　今回取材を行ったMonotaROは、荷主企業として高い感度で物
流に取り組む企業である。その取り組みは、メディアにも取り上げ
られており、物流最先端の荷主企業であると言える。つまり、
MonotaROの「今」を見る事で荷主企業における現実とロジスティ
クス4.0のギャップが浮き彫りになるのである。まずは、
MonotaROとはどういった企業なのかを読者に紹介する。

85

事業紹介：間接資材市場に革命をもたらしたMonotaRO

　MonotaROは、eコマースを利用した通信販売によって、工場用間接資材（製品原価に直接は按分できない資材を間接資材という。例えば、工具や消耗品など。対して、製品の原材料や部品は直接資材である）を、中小規模の製造業を中心とした顧客に対して販売するビジネスモデルで躍進を遂げてきた。

　かつて、中小製造業の購買担当者が工業用間接資材を購入する際には、大変な労力を要した。工業用間接資材の多くは、1販社で取り扱いう商品が少なく、専門的である上に、購入頻度が低い。そのため、専門商社が大きな力を持ち、一物多価が前提の市場であった。そのような状況下で、企業は工業用間接資材の購入が必要となると、数ある中から業者を選定し、見積もり依頼、比較を行った上で発注を行わなければならなかった。購買担当者個人の人脈や経験により、属人的に成り立っていた取引もあるだろう。

　MonotaROによると、資材の購入金額比率は直接資材が8割であるのに対して、間接資材は2割である。一方で、購入点数比率に着目すると数字が逆転し、直接資材の2割に対して間接資材は8割にのぼる。これらの数字は、購買担当者が少額多点数の間接資材購入のために多くの時間と手間を掛けていたことを意味している（図表3-1）。

図表 3-1　直接資材・間接資材の購入点数・購入価格別比較

そのような状況に一石を投じたのがMonotaROである。MonotaROは、豊富な品揃え（2018年12月時点で1,700万点）、高度な商品検索機能、スピーディな購入プロセス、明確でわかりやすい価格といったサービスを、eコマースを通して企業に提供し、間接資材市場に激震を走らせた。さらに、サプライヤーと一括取引を行うことで、規模の経済が働き低価格での提供を可能にした。

これにより購買担当者の業務効率は劇的に向上した。数ある品揃えの中から、簡単に商品を検索・比較し、WEB上でタイムリーに発注することが可能となった。また、価格の妥当性を第三者が客観的に確認できるようにもなった。

MonotaROの登場によって、企業は購買の一元管理が可能となり、購買担当者の業務効率は劇的に向上したといえる。さらに、価格の透明性が担保されているため、ユーザー部門主体での間接資材購入を進めることも可能だろう。

このように革新的なビジネスモデルで企業の利益に寄与するMonotaROは、自身の業績も好調である。今日では、工場用間接資材以外にも商品のラインナップを拡大しており、個人消費者向けの

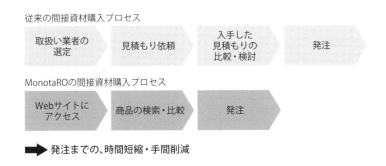

図表3-2　間接資材購入プロセスの比較

販売サイト運営や海外への展開も行っている。発注の翌日には商品が発送されるサービスレベルの高さも好評を博し、右肩上がりの売上を記録している。この躍進を支えているのが、物流を重要課題として認識するMonotaROのロジスティクス戦略である。

　それでは、本題であるMonotaROのロジスティクスについて紹介する。

進化を遂げるディストリビューションセンター

　MonotaRoの豊富な商品ラインナップと高いサービスレベルを支えているのは、ディストリビューションセンター（以下、DC）である。2014年に本社からほど近いエリアに設立された尼崎DC、関東・東北へのサービス拠点として2017年に設立された笠間DC、本州と同様のサービスレベルを提供するために2017年に設立された北海道DC、これら3拠点でMonotaROの物流は成り立っている。

　この3DCは、各々独自の取り組みが採用されており、MonotaRoの物流に対するチャレンジが見て取れる。特に、尼崎DCと笠間DCを比較する事で、ロジスティクス3.0からロジスティクス4.0に舵をきったMonotaRoの現状や、課題、今後の展望が見えてくる（図表3-3）。

DC名	尼崎DC	笠間DC
在庫点数（SKU）	30万	35万
スペース	44,000㎡	56,900㎡
生産性	—	2倍UP（対尼崎比）
設備	●コンベア ●自動倉庫 ●自動梱包機	●無人搬送車 （Racrew） ●自動搬送機
ピッキング・棚入れ	人力（カート）	ロボット
建屋構造	多層階	平屋
ピッキングプロセス	オーダー集約ピッキング	オーダーピッキング
オリコン数	少ない	多い

図表3-3　尼崎DCと笠間DCの比較

〈尼崎DC〉

　2014年、最初のDCとして設立された尼崎DCの特徴は、多層階構造とオーダー集約ピッキングである。オーダー集約ピッキングとは、複数の顧客から受注したオーダーをまとめてピッキングし、仕分け工程を経て出荷する方法である。加えて、尼崎DCでは、コンベア、自動倉庫、自動梱包機といったマテハンやWMS（Warehouse Management System:倉庫管理システム）、WCS（Warehouse Control System:倉庫制御システム）を活用する事で効率的な業務を目指した。つまり、現状の尼崎DCはロジスティクス3.0の物流センターである。

　尼崎DCはMonotaROの成長に貢献したが、運用開始後に課題も明らかになった。ひとつは、多層階構造がもたらす上下搬送が原因のオリコン渋滞（上下搬送用のエレベーター待ちで、ベルトコンベア上にオリコンが滞留する事）だ。また、オーダー集約ピッキングにより、トラブル時の広範囲な影響リスクもある。オーダー集約ピッキングでは、複数の荷主からのオーダーをまとめてピッキング

するため、データの不整合や、機器のトラブル等でイレギュラーな事態が発生した場合、影響を受ける荷主が多くなってしまうのである。

自動倉庫　　　　　　　　人力のカートピッキング

外観

図表3-4　尼崎DC

〈笠間DC〉

　取り扱い量が増加する中で、サービスレベルを維持・向上させるために2017年に笠間DCが設立された。尼崎DCでの課題を踏まえ、笠間DCは平屋の施設、オーダーピッキングを採用した。オーダーピッキングとは、顧客からの受注毎にピッキングを行う方法である。

　オーダー集約ピッキングと比較すると、使用するオリコン数が増加し、さらに、1件のオーダーであっても商品の保管場所が離れている場合は、オーダーを分割してピッキングを行い、最終的に組み合わせる作業が発生するというデメリットが存在する。しかし、平屋にしたことで上下搬送が不要となったこと、尼崎DCと同様のコンベア・自動倉庫・自動梱包機・WMSに加えて、新たにAGV（無人搬送機）・自動搬送機を導入したことで生産性を2倍に高めた上で省人化を実現した。つまり、笠間DCはロジスティクス4.0に向かうロジスティクス3.Xの物流センターなのである。

　しかし、順調に運用されているように思える笠間DCにおいても、課題は発生している。特に、DCにおける物流の全体最適は大きな課題だ。先述の通り、笠間DCには多数のマテハンやWMS、WCSに加え、最先端のAGV、自動搬送機が導入されている。一つ一つに注目すると、作業の生産性は向上し、まさしく先進的な物流センターなのだが、DCを全体的な視点で見ると、異なる景色が見える。

　例えば、サプライヤーから調達した商品を検品する入荷工程だ。ここでは人手作業が中心となっており、その後のAGV対象保管エリアへの搬送など無駄が残っているのである。今後は、笠間DC全体としての最適解を模索していく必要があるだろう。

AGVによる棚の移動　　　　　　　　AGV

外観①

外観②

図表 3-5　笠間 DC

MonotaROが抱える課題

　尼崎DC、笠間DCから明らかなように、MonotaROは物流に対して惜しみなく投資を行っており、間違いなく日本における先進的な荷主企業の1つである。しかし、そのMonotaROでさえ、ロジスティクス4.0の実現に向けては、いくつもの壁が存在しているのである。

課題①　AI・IoTの活用

　まず、尼崎DC、笠間DC共に、システム化や機械化は進んでい

るもののAIやIoTの活用はほとんどされていない。AI技術を搭載し、これまで不可能といわれていたピッキング領域の自動化を実現したピッキングロボットの性能をもってしても、多種多様な商品を扱うMonotaROにおける費用対効果を考えた場合、導入には至らないという。

また、マーケティングにおいて情報活用を進める一方で、物流領域に関しては情報活用が進んでいない。MonotaROブランドに限って見ても、RFID等による製造から販売までの情報の一元管理はされていない。

将来的には、物量予測におけるAIの活用や、AI・IoT技術を駆使したロボットの導入による、ピッキング、オリコンへの移し替え、入荷（検品、仕分け）の自動化を目指しており、どのように取り組んでいくかが課題である。

課題②　自動化とヒトの共存

世界に目を向けると、JD.COM（中国においてEC市場シェア第2位のeコマース企業）は世界初の完全無人倉庫の運用を開始し、注目を集めている。MonotaROはDCに最先端の機器を導入し、日本における物流センターの自動化をリードする存在である。しかし、MonotaRoが目指すのはJD.comのような完全自動化ではない。災害時の復旧や突発対応、地域の雇用確保を考えると、自動化とヒトの共存がMonotaROの目指す姿である。コストとサービスレベル、さらに災害対応（BCP：事業継続対策）を天秤にかけ、どこまでを自動化し、どこまでを人が担うのかの線引きが課題である。

課題③　物流投資への決断

MonotaROでは、物流投資に対して一定期間での回収可否を一つ

の判断基準としている（数年での回収を定める企業も多い）。しかし、昨今のテクノロジーは加速度的に進化を遂げており、物流を取り巻く環境はめまぐるしく変化している。実際に、最新の機器を導入した尼崎DCの設立から笠間DCの設立までの3年間でさえ、機器の陳腐化が進んでいるのである。一度導入した自動倉庫やマテハン等を入れ替えることは難しいため、今ある最新の機器を導入すべきか、近い将来の高性能な機器を待つべきかの決断が課題である。

課題④　最適な拠点配置

　これまでは、商品数・取り扱い量の増加に対してサービスレベルを維持しつつ、輸配送の効率を考えた上で最適な拠点が増設されてきた。しかし、今後の拠点配置において新たに考慮すべき要素としてBCPが求められている。

　島国であり火山の多い日本は、古来より地震や津波といった自然災害による被害を受けてきた。その上、近年では毎年のように異常気象や大規模地震、台風、豪雨被害が発生している。物流機能は麻痺し、企業活動への影響のみならず人命に関わる事態も発生している。こういった状況を踏まえた上で企業に求められているのがBCPであり、MonotaROも例外ではない。

　災害に強い施設・設備の採用はもちろん、拠点配置の段階でBCPの考慮が必要であるが、BCPに適した立地とサービスレベルの維持は一致するとは限らず、コストの観点も含めて選択を迫られる課題である。

▍荷主企業とロジスティクス4.0のギャップ

　ロジスティクス4.0の実現には、AI・IoTを含め、さらなる技術

第3章　現在＝ロジスティクス3.Xの姿とは

向上とコスト低減が必要である。人手不足とはいうものの、人が作業をした方が効率が良く、コストが低い限り、荷主企業は投資を進めないだろう。

　また、荷主企業としては、データ蓄積に向けた取り組みを推進し、データドリブンでの物流を目指すことが求められるであろう。特に属人的な業務に関しては、ノウハウを持つ人材がいなくなる前に形式知化する必要がある。さらに、取引先を巻き込んで、将来の情報一元管理に向けたリーダー企業となることが、先進的な企業として求められるのではないかと考える。

取材協力：株式会社MonotaRO 執行役 物流部門長 吉野宏樹氏

3 事例② 物流のシェアリング実現に挑むプラットフォーマー

倉庫を取り巻く企業のロジスティクス4.0

　ロジスティクス4.0の世界において、倉庫を借りる側の荷主企業と、貸す側の倉庫業者を取り巻く環境は様変わりするだろう。これまで、荷主企業の大きな課題は、過不足ない保管スペースの確保であった。一方で、主に保管料と荷役料によって利益を得てきた倉庫業者にとっては、保管在庫が減少し保管スペースが余ることと、入出荷量が減少し荷役料が伸び悩むことが大きな課題であった。これらの課題を解決するロジスティクス4.0で両者が目指すべき姿は、AI・IoTを活用したシェアリングによる標準化であり、実現にはプラットフォームの構築が必須である。

①荷主企業：過不足ない保管スペースの確保
　多様化する顧客のニーズと複雑化する市場に対応するには、多品種少ロット生産が求められ、従来通りの一般的な保管方法（品種毎に1つのエリアへ保管）を継続すると保管料が高くなり、保管スペースの不足にも繋がる。
　また、季節変動により必要な保管スペースの振り幅が大きい製品を扱う荷主企業は、その都度必要な保管スペースを確保することが

難しいため、上限に合わせた保管スペースを用意せざるを得ないのが現状である。ロジスティクス4.0では、AI・IoTの活用により生産から販売までの情報が一括管理され、精度の高い需要予測が実現する。従って、必要となる保管スペースを早期に算出し、適正に確保することが可能である。

さらに、荷主企業と倉庫業者を繋ぐプラットフォームを活用することで、想定外に保管スペースが必要となった場合でも、容易に空きスペースを手配できるのである。つまり、精度の高い需要予測と、プラットフォーム活用による倉庫のシェアリングによって、荷主企業は過不足ない保管スペースの確保を実現するのである。

②倉庫業者：スペース余剰と荷役料の減少

先述したような季節変動のある製品を保管する倉庫は、製品の動きに合わせて保管スペースの空きも変動する。未稼働スペースを減らすために、複数荷主の製品を扱う取り組みも行われているが、倉庫の設備や既存のノウハウの影響から、結果として同様の製品を扱うことも多く、成功しているとは言い難い状況である。

また、生産工場の海外進出等により取り扱い量自体が減少している倉庫や、契約期間の終了と開始のタイムラグにより未稼働のスペースが発生している倉庫も存在する。

一方で、都市部周辺や交通の利便性が高い地域では慢性的に保管スペースが足りない状況も発生している。図表3-6からわかるように、倉庫における保管在庫数や入出荷量は横ばいを続けており、今後大幅な成長は望めない。つまり、現在の物量を基準に効率的な倉庫の運用を考える必要がある。ロジスティクス4.0では、AI・IoTの活用により、契約内容、保管スペースの状況、入出荷状況等がリアルタイムに管理される。それらのデータをプラットフォームに集

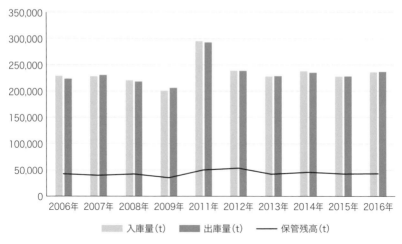

出典:「平成28年度 倉庫事業経営指標(概況)」(国土交通省)
(http://www.mlit.go.jp/common/001224268.pdf)を加工して作成

**図表 3-6　主要 21 社　普通倉庫における入出庫量・保管残高の推移
　　　　　　　　　　　（1 社平均）**

　約し、荷主のニーズとマッチングさせることで、倉庫業者と荷主企業はその時に最善の契約を結ぶことができるのである。その結果、倉庫業者はスペース余剰を最小限に抑え、入出荷量を確保し、利益向上が実現する。

　もうおわかりだろうが、倉庫を取り巻く企業のロジスティクス 4.0 は情報のプラットフォーム無しに語ることができない。今回取材を行った souco は、倉庫領域の SaaS（Software as a Service：ユーザーが必要な機能を必要な分だけ使用し、使用量に応じて料金を支払う従量課金サービス）としてこのプラットフォームを提供する、プラットフォーマーである。souco の「今」を通して、倉庫を取り巻く企業の実際の姿と、ロジスティクス 4.0 に向けたあるべき姿を論じる。まずは、souco とはどのような企業なのかを読者に紹介する。

事業紹介：物流の新たなビジネスモデル＝souco

　前述したように、顧客のニーズが多様化し、市場が複雑化する現在においては、場所と時間の調整を担う物流の保管機能が果たす役割は大きい。したがって、倉庫への需要が高まるが、その需要は一様でない。結果として、倉庫の不足と余剰が同時に発生している。

　この課題にメスを入れたのが、新進気鋭のベンチャー企業soucoである。soucoは「倉庫の貸し借りを簡単にする」というサービスコンセプトの下、日本初のビジネスモデルとして、保管スペースを探す荷主企業と空きスペースに悩む倉庫業者をマッチングさせるプラットフォームを提供している（図表3-7）。

　契約に際しては、soucoが荷主企業と倉庫業者の仲介をすることで、未払いリスクを担保するスキームを採用している（荷主企業と倉庫業者間で契約が締結されると、倉庫業者には前払いで月額の利用料をsoucoが支払い、荷主企業には利用後に月末締め請求を行う。これにより、soucoは両者の利用障壁を下げているのである）。

　これまでも、荷主企業と倉庫業者を繋げるマッチングサービスは多数存在していた。しかし、それらは定常的な契約を前提とし、年単位の期間や、倉庫の区画によって定められた面積単位の契約である上に、契約手続きに手間を要することが多かった。そのため、荷

図表 3-7　soucoのサービスイメージ

主企業が、突発的・短期的・少量での保管スペースを必要とした場合に、対応可能な倉庫業者を見つけるのは至難の業であった。そこに目を付けたsoucoは、「必要な時」・「必要な分」だけ、つまり「1日」・「1パレットから」利用することができるマッチングサービスの構築に着手したのである。この点で、従来のマッチングサービスはロジスティクス3.0であり、soucoはロジスティクス4.0に向かうロジスティクス3.Xであると言える。

　それでは、souco自身と倉庫を取り巻く企業はどのようにロジスティクス4.0へ向かうのかを紹介する。

SaaSとしてのsouco

　soucoのサービスを利用するには、スペースを借りたい荷主企業、貸したい倉庫業者が共にsoucoのWEBサイト上で登録を行い、アカウントを作成するところから始まる。ちなみに、アカウントの登録は無料である。契約は、賃貸借契約（転貸借契約を結んで、保管スペースを貸し出す）と寄託契約（荷物を預かる）の2種類がある。

　想定する主な荷主企業側のユーザーは、季節波動のある企業（お歳暮、お中元、おもちゃなどを取り扱う企業）である。用途で見た場合、需要の急な増減への対応、貨物の集配拠点、コミュニケーションミスによる在庫変動対応、イベント・急な返品やリコール用の一時保管、輸入品の一時保管等が挙げられる。利用に際しては、利用開始日の3日前までに依頼をし、必要な期間を1日単位、1パレットもしくは1坪単位で契約することが可能である。

　荷主企業がsoucoを利用した場合のメリットは、荷量の最大値に

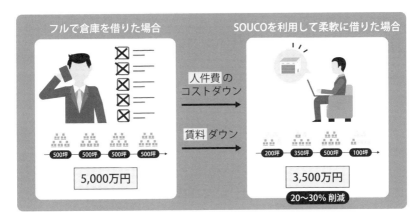

図表 3-8　souco 利用によるコスト削減のイメージ

合わせて倉庫を契約した場合と比較し、約20％賃料を抑えることが可能であり、手続きに要する手間もわずかである（図表3-8）。

現在（2018年10月取材当時）、登録倉庫のアカウントは130社、すぐに提供可能なスペースは全国で12万坪にのぼり、今後も拡大していく見通しであるため、荷主企業の利便性はさらに高まるだろう。

また、投資の面でもメリットがある。これまで、荷主企業による倉庫への投資は相当のコストを要するものであり、荷主企業の資金格差が、そのまま大きな物流格差となっていた。しかし、soucoを活用することで、企業規模に関わらず好条件な倉庫を必要な期間だけ使用することができるのである。

当然だが、倉庫業者としては、短期間であっても未稼働スペースを稼働させることができるメリットがある。既に次の契約が結ばれている保管スペースを、その契約スタートまでの短期間に限定して貸し出すという使い方をしている倉庫業者もいるという。また、料

	従来	SOUCO利用
利用開始までの所要日数	数週間〜数カ月	最短3日
最小利用単位	1カ月 or 3時期から	1日1パレットから
初期費用	敷金・礼金あり	敷金・礼金なし
見積もり回答	—	3秒

図表 3-9　倉庫手配に関する比較

金設定を自社で行えることも魅力である。

　次に、実際にsoucoのユーザーである荷主企業の活用事例と想定する活用例を紹介する。

活用事例①　輸入家具メーカー

　輸入家具メーカーA社は、海外から家具を輸入し顧客に直納するオーダーを受注していた。該当製品は空輸で輸入されたが、顧客都合により納期が1カ月後ろ倒しとなってしまった。他の顧客向け製品が同梱されていることもあり、保税地域から引き取らなければならず、当該貨物の取り扱いに困った。通常であれば、陸送で自社倉庫まで製品を運び、新たな納期まで保管をした上で出荷を行う。しかし、納入先と自社倉庫は距離が遠いため、無駄なコストが生じてしまう。そこで、利用したのがsoucoである。

　A社はsoucoを通して、迅速に、納入先からほど近い倉庫を1カ月間の契約で手配する事ができた。結果として、空港〜自社倉庫〜納入先間の輸送でかかるはずであった輸送コストを大幅に削減した。また、必要なスペースを必要な日数分だけ契約できたため、保管コストも最小限に抑えられたのである。

　突発的な保管スペースの需要に対して、「必要な時・必要な分」

だけマッチングを行うことで、荷主企業のコスト負担を低減した事例である。

活用事例②　大手飲料メーカー

　飲料業界の特徴は、季節波動が大きく、夏場の需要が高いことである。そのため、慢性的に夏季3ヵ月間は保管スペースが不足しており、飲料メーカーは欠品による売上機会の損失リスクを抱えている。短期間の保管スペースをその時の需要に合わせてタイムリーに確保することは難しく、売上機会の損失を回避するためには、年間を通して夏場の高需要水準に合わせたキャパシティの倉庫を保有せざるを得なかった。

　飲料業界の課題を知ったsoucoは、大手飲料メーカーB社に自社サービスを紹介した。それまで飲料業界でのsouco活用事例は無かったが、B社はsoucoのサービスを活用する決断をした。結果としてB社は、soucoを通して夏場の必要な期間のみ保管スペースを確保し、機会損失のリスクを回避した。また、夏場の需要に合わせた規模の倉庫を、年間を通して契約した場合と比較して、大幅な保管コスト削減を実現した。B社は来年以降もsoucoを利用していく考えであり、登録倉庫の増加によるさらなる利便性の拡大に期待をしている。

　季節波動の大きい商材を扱う荷主企業に対して、「必要な時・必要な分」だけ保管スペースを提供し、荷主企業の売上増加とコスト削減に貢献した事例である。

想定する活用例　eコマース

　eコマースを生業とするC社は、取り扱い量増加に対して、従来の物流拠点からの配送ではサービスレベルの維持が困難となってお

り、ラストワンマイルの配送効率改善が課題であった。

　C社はこの課題を解決するため、商業圏付近に多くの登録倉庫を有するsoucoを起用した。soucoを通して、小規模の保管スペースを複数倉庫と契約し、配送拠点を兼ねた在庫保管スペースとした。これにより、オムニチャネル向けの配送効率向上を実現した。

　小規模・多拠点での保管スペースを提供し、荷主企業が活用方法を工夫することで、ラストワンマイルのサービスレベル改善を実現した事例である。

soucoが抱える課題

　ロジスティクス4.0に不可欠なサービスを提供するsoucoだが、シェアリングによる標準化のあるべき姿に到達するまでの道のりには、課題が山積している。

課題① 導入実績の不足

　soucoは2016年に設立し、資金集め、システムの開発を経てサービスをリリースしたばかりの企業である。そのため、荷主企業のコスト削減を実現し、倉庫業者の空きスペースを解消させる画期的なビジネスモデルでありながらも、導入実績は多くないのが現状である。企業は、前例の無いサービスに対して慎重となるため、革新的なサービスが存在するにも関わらず二の足を踏んでしまうのである。そのため荷主企業のユーザーを獲得していくには、各業界でのモデル事例となる実績を増やすことが課題である。

課題② 保守的な倉庫業界

　soucoのサービス普及を妨げているのは、倉庫業界の保守的な姿

勢もある。課題①でも述べたが、前例の無いものに対して慎重になるのは企業の常だが、倉庫業界は他業界に輪をかけて保守的な事が多い。それは、公共性の高い倉庫業は昔から参入障壁が高く、激しい競争が起こる業界ではなかったからではないだろうか。実際、求荷求車システムのようなマッチングサービスは、参入障壁が低く競争の激しい輸配送領域において乱立している。

　一方で、倉庫領域においてはsoucoと同様のサービスを提供する企業はいない。保守的な倉庫業界に切り込み、倉庫業者のユーザーを増加させていくことが課題である。

倉庫を取り巻く企業とロジスティクス4.0のギャップ

　ロジスティクス4.0の実現には、1つのプラットフォームにすべての荷主企業・倉庫業者が参加する必要がある。どんなに優れた機能を持つプラットフォームでも、参加する企業が少なければ少ない程、提供できる価値は下がってしまう。プラットフォームが乱立する領域では、いかに1つのプラットフォームに集約していくかが課題であり、プラットフォームが成立し難い領域では、プラットフォーマーがいかに根気強くユーザーを取り込んでいくかが課題である。

　荷主企業と倉庫業者は、現在の大きな物流の変革期を生き抜き、継続的に成長していくためにも、保守的な考えを捨て積極的に新しい戦略やサービスにチャレンジしていく姿勢が必要だろう。

　また、ロジスティクス4.0におけるプラットフォームの前提となる、AI・IoTを活用しての情報取得・共有・分析をどう進めていくのかも鍵となるだろう。

　また、ロジスティクス4.0とはロジスティクス全体での最適化で

あるため、倉庫領域だけでなくロジスティクス全体としてのプラットフォームとサービス、つまりLaaS（Logistics as a Service）が不可欠である。soucoでは、他企業と連携して目指すべきLaaSの一つの形として、企業が売りたい商品とターゲットを決めた際に、必要となるロジスティクスを最適な組み合わせで提案するようなサービス示している。イメージは、旅行を計画する際に使う比較サービスを物流版に落とし込み、さらに発展させたサービスである。このLaaSを活用することで、企業は考えることなく最適な物流戦略を選択できる。

　ロジスティクスの自由度が上がれば、企業はコア事業に専念することが可能であり、企業活動の自由度も高くなる。各領域におけるプラットフォームの成熟と、それらを繋ぐさらに上位のプラットフォーム構築を実現するプラットフォーマーが求められるのだろう。

取材協力：株式会社souco CLO 北山剛氏

第3章　現在＝ロジスティクス 3.X の姿とは

4 事例③自律する物流センターを目指す老舗マテハンメーカー

muratec

物流機器メーカーにとってのロジスティクス4.0

　物流機器メーカーのあるべき姿は、これまでも、ロジスティクス4.0の世界でも大きくは変わらない。企業の課題を解決するために最適なソリューションを提供することである。しかし、ここまで本書で述べてきたように、ロジスティクス4.0における多く企業のあるべき姿は、現在から大きく変化を遂げる。企業のあるべき姿が変わるということは、提供すべきソリューションも変わるのである。その点で、物流機器メーカーの果たすべき役割はこれまで以上に重要となるだろう。

　ロジスティクス4.0はAI・IoTを活用した省人化・標準化の実現であり、機械化・システム化・自動化と切り離すことはできない。つまり、マテハン・システム・ロボット等の性能が一定以上でなければ、ロジスティクス4.0は実現しないのである。

　また、どれだけAIが進化しても、インプットとなるデータが取得できない、もしくは取得しても無意味なデータであれば、分析し活用する価値は無い。つまり、有用なデータの収集ができない場合も、ロジスティクス4.0は実現しないのである。

　結論を述べると、物流機器メーカーの課題は大きく分けて2つ存在する。1つは物流機器メーカーとして当然ながら製品の性能向上

107

であり、もう1つはロジスティクス4.0に欠かせないデータを理解
し、その情報を取得・活用できる仕組みの構築である。

　今回ここでとり上げる村田機械は、幅広い経験と、数多くの顧客
へソリューションを導入してきた実績を持ち、ロジスティクス4.0
へ向けた課題に取り組む企業である。村田機械の「今」を見る事
で、ロジスティクス4.0の土台を生み出す物流機器メーカーの実際
と今後の課題を論じる。まずは、村田機械とはどのような企業なの
かを紹介する。

事業紹介：異色の経歴を持つマテハンメーカー村田機械

　村田機械は、ロジスティクスの効率化に欠かせないマテハンやソ
フトウェア等の開発・製造を行う物流機器メーカーである。また、
単なるメーカーの枠に留まらず、幅広い知見と経験をもとに顧客の
ニーズに寄り添い、構想策定からアフターサービスまでを一貫して
提案する、ワン・ストップ・ソリューションの提供者である。

　1935年に創業した村田機械（当時、合名会社西陣ジャカード機
製作所）は、紡績機械の製造を生業としていた。その後、工作機械
への参入を経て、1962年に物流機器へ進出した。さらに、ファク
シミリや複合機といった情報機器事業や、制御機器事業など、手掛
ける領域は拡大を続けている。

　物流領域についても、近年、スウェーデンのAGVE社（無人搬
送車メーカー）を100％子会社化し、村田機械のワン・ストップ・
ソリューションのラインナップは益々豊富になっている。これら幅
広い領域で培った技術と知識を活かして村田機械の製品は開発され
ている。特に情報通信技術は他のマテハンメーカーが技術や経験を
持たない領域であり、村田機械の強みである。

第3章　現在＝ロジスティクス3.Xの姿とは

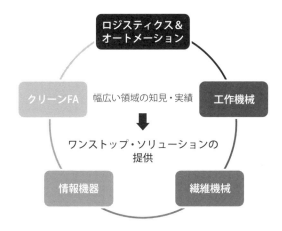

図表3-10　幅広い領域の知見を活かした製品開発のイメージ

　ここからは、物流機器メーカーである村田機械の物流について紹介する。

自社ソリューションを駆使したMGPC（Muratec Global Parts Center）

　企業の物流課題の解決に向けて主にマテハン・ソフトウェアの観点からソリューションを提供する村田機械だが、自社の物流体制に非の打ちどころが無いわけではなかった。

　村田機械では、事業部毎に倉庫を持ち、管理や運営が非効率であるという課題を抱えていた。この課題を解決するために誕生したのが、村田機械が開発したマテハン・ソフトウェアを惜しみなく導入した物流センター、MGPCである。さらに、MGPCは開発途中である最先端技術の実地試験場としての役割、コールセンターを有するアフターサービス拠点としての役割も担う、物流機器メーカーならではのフルフィルメントを超えた物流センターなのである。

109

図表3-11　MGPC外観

図表3-12　MGPC内観

　以前の村田機械は、物流システム・工作機械・情報機器の保守パーツ・消耗品の在庫を、犬山事業所内に点在する事業部毎の倉庫で保管していた。単に、在庫を保管する倉庫が分かれていただけでなく、倉庫の運用・在庫管理・計上方法も事業部毎に設定され、全社的な管理ができていなかった。したがって、災害等の緊急時に在庫の所在が把握できないことが危惧されており、大きな課題であった。

　加えて、倉庫・設備の老朽化や、取り扱い量増加によるキャパシティ不足も発生していた。そこで、村田機械は事業部毎の倉庫を統合した新しい物流センター（＝MGPC）の構築に踏み切ったのである。

　MGPC以前である事業部毎の倉庫は、各事業部の事業推進に対して最適となるように構築され、その当時に最新のマテハンや自動倉庫などが導入された。つまり、ロジスティクス3.0の倉庫である。対して、MGPCは村田機械全体のロジスティクス最適化を考えて構築され、最先端の技術を導入して作業の効率化を進めている。つまり、ロジスティクス4.0の実現を目指した、ロジスティクス3.Xの物流センターであると言える。

　ロジスティクス3.XであるMGPCの特徴は、①データ収集・蓄積、②BCPの2点であり、ロジスティクス4.0に向けて物流機器

メーカーが取り組むべき課題(ロジスティクス4.0に欠かせないデータを理解し、その情報を取得・活用できる仕組みを構築)へのアプローチに繋がるのである。

①データ収集・蓄積

　MGPC以前は、各倉庫において、データの収集元はWMSのみであった。しかし、MGPCでは、WMSだけでなくカメラシステム(図表3-13、図表3-14)やセンシングシステム(図表3-15、図表3-16)を駆使してデータを収集・蓄積している。さらにそのデータをリアルタイムで外に見せる仕組みを構築し、タイムリーな物流現場の管理や、運用改善を目指している(図表3-17、図表3-18)。

〈カメラシステム〉

データ収集	データ活用の効果
保管物はすべて入庫前に自動撮影、画像データと保管情報を紐付け	物流品質向上(誤ピック防止・混在可否の判断)・積み増しによる保管効率向上
トラブルを検知するとドライブレコーダーとして動画を保管	停止原因／異常の把握・早期復旧・チョコ停の削減

※画像処理、AI技術を用いた荷崩れ検知も開発中

図表3-13　カメラシステムの運用詳細

図表3-14　カメラシステムの運用イメージ

〈センシングシステム〉

データ収集	データ活用の効果
クレーン車輪等に取り付けたセンサ（振動、音、温湿度）から実稼働データを取得	交換時期の精度向上・機械学習で分析し設備異常の予兆診断

※温湿度センサによる庫内/保管物の温度管理ソリューションも開発中

図表 3-15　センシングシステムの運用詳細

図表 3-16　センシングシステムの運用イメージ

図表 3-17　カメラシステム・センシングシステムのイメージ①

図表 3-18　カメラシステム・センシングシステムのイメージ②

②BCP

　MGPC以前の倉庫では、1つの倉庫で稼働がストップしても他の倉庫に影響はなかった。しかし、MGPCは倉庫統合をしたことのデメリットとして、分散されていたリスクも集約してしまった。村田機械は、このリスクに対応するため、グローバル在庫管理の実現を目指している。グローバル在庫管理とは、WMSを活用して海外を含めた複数拠点の在庫を見える化し、在庫のやりとりを可能にする仕組みである。グローバル在庫管理が実現する事で、拠点毎の最適在庫がサプライチェーン全体の最適在庫へと昇華し、同時に在庫の分散管理によるBCP対策も実現するのである（図表3-19）。

| 村田機械が抱える課題

　ロジスティクス4.0では、AI・IoTによって最適なロジスティクスが導き出され、生産から販売まで一貫した情報管理が行われる。その前提は、高性能な物流機器と有用なデータであり、MGPCは

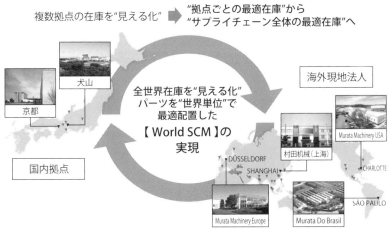

図表3-19　グローバル在庫管理

ロジスティクス4.0実現に向けた試金石であると言える。ロジスティクス4.0を達成するには今後もチャレンジを行い、課題に取り組む必要があるだろう。

そこで村田機械が目指すのは、「自律する物流センター」である。自律した物流センターとは、物流をERP依存から脱却させ、他企業や顧客に留まらず社会全体と情報連携を行い、その情報を活用することでサプライチェーン全体の最適化を実現するものである。

具体的に述べると、物流における多くの場合、ERPによって工場や物流センターに指示が出されている。しかし、日本におけるERPは古く、融通が利かないことも多い。そのようなERPの支配下では、最適なロジスティクスは実現しない。大規模な投資を行い高性能で柔軟性のあるERPを構築することも一つの手であろう。しかしながら、物流センターが自律的に考え、動き、情報連携することができれば、この状況は打破できるのではないだろうか。つまり、物流センターが賢くなることで、ERPの性能に依存しないロジスティクスが構築できる。これが、自律する物流センターであり、ロジスティクス4.0と同義であると考える。以下にて、自律的な物流センターを実現するための課題を論じる。

課題①　自社物流センターの情報活用と、外部への情報連携

何よりも先ず、自律的な物流センターの構築に欠かせないのは、自社物流センター内の情報を収集・蓄積することである。先述したように村田機械のMGPCでは、様々なセンシングシステム、カメラシステムを用いて、物流センター内のあらゆるデータをリアルタイムに収集・蓄積している。これらの物流データを活用し、物流上の関係者に連携することで様々な課題が解決するだろう。

114

第3章　現在＝ロジスティクス3.Xの姿とは

　例えば、昨今、AIによる画像認識を活用した荷物のサイズ・種類の特定といったような、高度な技術によるソリューションが脚光を浴びている。しかし、出荷元のデータを出荷先に共有することができれば、それだけで事足りる場合もあるはずである。つまり、企業間での情報共有がスムーズに行われることで、出荷先での検品や、データ入力の必要がなくなり、高度な技術を有した高価なソリューションが必要な場面も減るのではないか。

　一方で、企業間のデータ連携には問題が多いのが現実である。プライバシー、情報漏洩等のリスクがあるため、率先して推進する企業はないのではないか。そのような状況だからこそ、日本国内に約6,000サイトの取引実績を有する村田機械が、自律的な物流センターの構築という難しいチャレンジに果敢に挑んでいるのである。MGPCで蓄積されたノウハウをどのように活用していくか、他企業やユーザー間でのデータ連携をどのように提案していくかが課題である。

課題②　全体最適に向けた、外部からの情報連携

　次いで、自律する物流センターに必要なことは、サプライチェーン全体の最適化に向けた横展開である。1つの物流センター内でデータ収集・活用が上手くいっても、前後の関係者（サプライヤー、卸、販売店等）で物流が停滞してしまえば、サプライチェーン全体で見た場合のロジスティクスは最適化できない。全体最適を実現するためには、物流情報を外部へ連携するだけでなく、外部から様々な情報を入手し活用することが必要である。具体的には、企業の情報（トラックの運行状況やバースの込み具合等の物流情報、生産計画、販売計画等）や、社会一般の情報（ソーシャルメディアの情報、一般トレンド等）が挙げられる。しかし、これらの情報は

115

データとして入手が困難なものが多い。ここからわかるように、自律的な物流センターの構築を達成するためには、社会全体にデータ共有と活用の素地をつくる必要ある。

　その第一歩として、村田機械ではパートナー企業と情報連携を行い、サプライチェーン全体の最適化に取り組んでいる。代表的な取り組みは、SAPジャパン[1]株式会社との包括的なOEMパートナー契約である。この契約により、村田機械のシステムインテグレーション部門であるムラタシステムは、SAPの有するソフトウェア製品や開発プラットフォームの一部を村田機械のWMS開発に活用したり、WMS機能に組み込ませたりすることが可能となった。そして、WMS内に蓄積された物流に関する大量のデータを、村田機械のE-LOGICS Cloud Systemを通してSAP Cloud Platformに集約し、SAP®Leonardのアプリケーション群を利用することで、多角的に分析し、有用な情報を可視化できる（図表3-20）。ERP業界を牽引し数多くの導入企業を抱えるSAPと手を組み情報を連携することで、社会におけるデータ活用の意識に変化をもたらし、ひいてはサプライチェーン全体で見たロジスティクス最適化の実現可能性を高めているのである。このような取り組みやパートナー企業との

---

*1　SAPジャパンについて

　SAPジャパンは、エンタープライズ・アプリケーション・ソフトウェアにおけるマーケットリーダーとしてあらゆる業種におけるあらゆる規模の企業を支援しているSAP SEの日本法人として、1992年に設立。企業が市場での優位性を保持するため、バックオフィスから役員会議室、倉庫から店頭で、さらにデスクトップ環境からモバイル環境などにおいて、企業がより効率的に協業を行い、より的確なビジネス判断を行うための様々なソリューションを提供。企業が継続的な収益性の高い事業を実現することに貢献するSAPのアプリケーションやサービスは、世界各国4万3,000社以上の顧客企業に利用されている。国内でも日本企業の情報化の推進、国際競争力および企業価値の向上に貢献している。（www.sap.com/japan）

第3章　現在＝ロジスティクス 3.X の姿とは

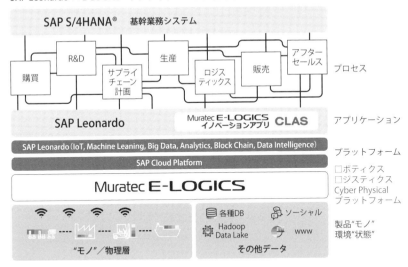

図表 3-20　村田機械の E-LOGICS と SAP® Leonard の関連図

連携を拡大し、社会全体の意識や構造を変化させ、外部からの情報連携に対するハードルを下げていくことが課題である。

物流機器メーカーとロジスティクス 4.0 のギャップ

繰り返しとなるが、ロジスティクス 4.0 へ向かう企業の歩みを進めるには、技術向上とコスト低減は必須であり、物流機器メーカーの貢献が求められる。また、ロジスティクス 4.0 に必要となる有用なデータとは何かを顧客の課題の中から見出し、そのデータを入手するためのデバイス開発や、仕組みを構築していくことも求められるのではないか。

ロジスティクス 4.0 実現には、AI・IoT を含めテクノロジーとい

117

う基盤が必要である一方、それらを活用してロジスティクス4.0を成し遂げていくのは、各企業である。

さらに、これらは一社の取り組みでは意味が無く、すべての企業が足並みを揃える必要がある。物流機器メーカーに限らず、日本の社会全体が、ロジスティクス4.0を目指さない限り、ロジスティクス4.0は訪れないと考える。

取材協力：村田機械株式会社
　　　　　L&A事業部技術部　課長心得　村中武氏、
　　　　　営業企画室　中田光馬氏、
　　　　　ムラタシステム株式会社　開発部　部長　田村博文氏

第3章　現在＝ロジスティクス 3.X の姿とは

5　現状でのロジスティクス 3.X の実際

MonotaRO、souco、村田機械の3社を例として、ロジスティクス4.0に向けた企業の実際を紹介した。3社の「今」を通してわかるのは、「AI・IoTを活用し省人化・標準化を実現するロジスティクス4.0」までの道のりはまだ続くということである。

また、今回取材をした3社とは大きく異なり、現時点でロジスティクス3.0に達していない企業も多数存在する。特に、中小企業は物流への大規模な投資が難しいこともあり、物流格差が発生していることが多い。

しかし、先が全く見えないわけでは無い。今後、日本の各企業が自社の利益だけでなく、ロジスティクスの全体最適を目指し、意思を持ってロジスティクス4.0に向かうことで、ロジスティクス4.0は実現するのである。

119

COLUMN

物流はモチベーションが大切だ

　物流における肝は効率化あるいは生産性とされています。そのために、荷主企業や物流企業は絶えず知恵を絞っています。倉庫業務におけるマテハン機器を中心とした機械化などは良い例です。

　それはそれで重要なのですが、やはり忘れてはならないのが働く人の「モチベーション」です。物流は労働集約型産業の代表的な存在です。ロジスティクス4.0とはいえ、人によって成り立っている産業です。したがって、そこに働く人たちのモチベーションをいかに維持していくか、あるいは高めていくかが肝要です。

　倉庫業務においては、主婦層を中心としたパート従業員が主人公になります。その人たちが働きやすい職場環境になっているかどうかです。今やカフェスペースやコンビニエンスストアの配備は当たり前になっているほどです。

　しかし、それだけでは十分ではありません。床がコンクリートむき出しになっていれば室温にも影響しますし、疲労が早く出てくるため専用シートを敷設する必要があります。作業台の高さがパート従業員に合っていなければ、これも疲労が早く出てくるため個々で高さを調節できるようにする必要があります。特にパート従業員は作業時間が短いため、早期にモチベーションのピークを高めることが重要です。モチベーションの維持・向上は、まずは作業環境の改善からとも言えるかもしれません。

　「人が集まらない」と荷主企業や物流企業の人たちからの相談を受けることがあります。大々的に求人募集を打ったとしても、すぐに辞めてしまうような環境では元も子もありません。パート従業員のモチベーションを大切にし、さらにそうすることでその人たちが口コミで人集めをしてくれたりして、これが意外に効果的なのです。

第**4**章

ロジスティクス 4.0 への
取り組みと壁

1 ロジスティクス4.0に向けたアプローチ

　ロジスティクス4.0とは前述のとおり、最新テクノロジーを活用することでロジスティクス業務の「標準化」・「省人化」を図る改革のコンセプトである。第3章では、企業が抱える物流課題をいかに解決していくことができるのかを説明し、実際にロジスティクス4.0化を推進している企業の事例を紹介してきた。

　ここまで見てくるとロジスティクス4.0への期待は高まるが、果たして自社で実現できるのだろうかと疑念を抱いている読者も少なくないであろう。

　現実にはロジスティクス4.0を実現している企業はまだなく、個々の作業単位での省人化や効率化を実現しているところが多い。それは荷主に限らず、自動化機器やサービスを展開している供給側の企業についても言えることである。

　ロジスティクス4.0では、IoTにより自動化機器同士が連動し作業全体のスループットを高めていく仕組みや、サプライチェーン全体でプラットフォームを構築し、IoTから取得したデータを用いてAIにより最適なアクションを導き出す仕組みを実現していかなければならない。そのためにはAI・IoTを活用できる環境を整備し、各企業がそれらを最大限に活用することで、日本のロジスティクス全体で最適化を図るのが日本型ロジスティクス4.0の目指すべき姿であると考えている。

　確かに、ロジスティクス4.0の実現には多くの壁がある。ロジスティクス4.0のコンセプトには「標準化」と「省人化」という2つのキーワードがあるが、ロボットの導入などで業務を省人化するに

第4章　ロジスティクス4.0への取り組みと壁

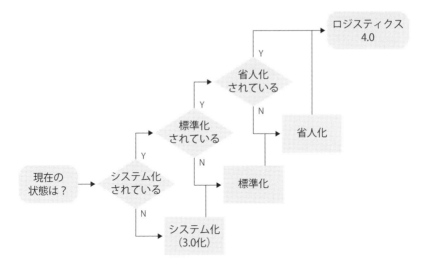

図表 4-1　ロジスティクス4.0の実現に向け企業が踏むべきステップ

は、まずその業務がロボットで行える状態になっていなければならない。つまり、業務の標準化が必要という事である。また、省人化したい業務の情報が万遍なくデータ化（情報の標準化）されていなければ、やはり省人化の実現は難しい。今、自社の物流はどのステージにあるのか、しっかりと見極めた上で、ロジスティクス4.0の実現に向けた課題をクリアしていくことが鍵となる。

この章では、AI・IoTの技術を通して実現するロジスティクス4.0の前に立ちはだかっている壁や実現に向けた課題を浮き彫りにした上で、打開に向けて企業がすべきことを「標準化」と「省人化」の2つの点から述べていきたい。

2 現在の標準化の実態とロジスティクス 4.0 の標準化

ロジスティクス 4.0 における標準化のあるべき姿

まずは、ロジスティクス4.0における標準化について、おさらいをしたい。標準化には2種類あると考えている。1つ目は情報を繋ぐことで実現する「シェアリング」という意味の標準化、2つ目は「属人的な作業をなくして効率化させる」という意味の作業の標準化である。

ロジスティクス4.0の世界では、企画・調達からエンドユーザーへの配送に至るまで、すべての情報がIoTによってリアルタイムに繋がっていく。これにより、企業間ではリアルタイムで高度な情報を共有することが可能となり、シェアリング・ロジスティクスが実現される。

では、シェアリング・ロジスティクスの実現がもたらす効果とは何であろうか。1つには業界レベルでの資産の有効活用がある。これまで倉庫スペース・マテハン・車両などのリソースは、個社単位では季節変動などの物量波動により一時的に余ってしまった場合や、年々の物量減で恒常的に不要となってしまった場合でも、眠らせていることが多かったのではないだろうか。シェアリングが容易にできる環境が整っていれば、これらの遊休資産を他社に必要な時に必要な分だけ有効活用してもらうことができるようになり、業界全体での最適化が行われるようになる。

シェアリングを行う前提には、情報のオープン化がある。これまでブラックボックスになっていた企業の情報がオープンになること

第4章　ロジスティクス4.0への取り組みと壁

で、物流事業に対する新規参入の障壁は低くなる。参入障壁が低い
ビジネスは、特定の企業による独占状態を生みづらい。そして、よ
り高度な物流ビジネスが安価で提供されることへとつながってい
く。

　さらに「作業の標準化を行うと、ロジスティクス4.0の世界にお
いて属人化が外れ誰でもできる作業」が増えるようになる。「誰で
もできる作業」というのは人だけでなく、ロボットにもできるとい
うことである。標準化された作業をAI・IoTを駆使した最新技術
に置き換えていくことで、省人化に繋がっていくのである。

　このように、ロジスティクスが標準化された世界では、必要なリ
ソースを必要な時に必要な分だけ貸し借りできるというシェアリン
グ・ロジスティクスが形成されるだけではなく、ブラックボックス
化や属人化が解消されることで、誰もが様々なビジネス・業務を高
い品質で行うことができるようになるのである。

　ここからは、バリューチェーンの機能ごとにロジスティクス4.0
における標準化のあるべき姿と実態を見ていきたい。バリュー
チェーンについては追って詳しく説明するが、ここでは「調達」・
「倉庫」・「輸配送」をそれぞれバリューチェーンの1機能とする。

AIによる正確な予測が調達を変える

　調達において、精度の高い調達計画を策定するための需要予測
は、無駄な在庫を生まず、かつ欠品を発生させないための重要な要
素である。しかしながら、これまでの需要予測は、多くが管理部門
担当者の経験と勘にゆだねられていた。そのため、情報は管理部門
の中だけで共有され、生産現場ではその需要予測をもとにした指示
が飛び、受け取り側の倉庫でも到着したモノを受け取るしかない状

125

況にあった。

ロジスティクス4.0の世界では、需要予測が経験と勘によるものからAIの緻密な計算によるものへと置き換わり、さらにその情報は生産現場から倉庫まで広くタイムリーに共有される。真の需要が可視化されることで、真に必要な在庫だけがサプライチェーン上の上流から下流まで流れるようになる。在庫が最適化されれば、作業量も適切となり、事前に予測にもとづいた作業計画が立てられることで現場の効率化を図ることができるのである。

現状に目を向けてみると、需要予測のデジタル化は、業界によって動きが異なっている。日本において労働集約型産業の傾向が強い小売業では、AI技術の進化に伴い需要予測をAI化する動きが出てきている。労働集約型産業とは、事業活動の主要な部分を労働力に頼るため売上高に対する人件費の比率が高い産業のことで、売上を増やそうとするとその分労働者が必要になる産業である。そして、その反対にあるのが資本集約型産業である。また、労働集約型産業の一形態としては、近年聞かれるようになった知識集約型産業もある。この違いについては、図表4-2で説明をする。

人への依存度		売上に占める人件費	設備への依存度	資本投資額	産業例
労働集約型	高い(肉体的)	多い	低い	小さい	運送業、倉庫業、建設業
資本集約型	低い	少ない	高い	大きい	製造業、インフラ産業
知識集約型	高い(知的)	少ない	低い	小さい	金融業、コンサルティング

図表4-2 労働集約型産業、資本集約型産業、知識集約型産業の違い

126

小売業の話に戻るが、日本経済新聞社によると、

　『小売り大手が人工知能（AI）を活用して競争力を高める。イトーヨーカ堂は2019年度にも全店でAIの需要予測にもとづく発注を始める。ファミリーマートは6月末からコンビニエンスストアの新規出店の可否を判断するためにAIを導入した』『イオンは米EC（電子商取引）関連スタートアップ企業に出資する計画だ。AIを活用したデータ分析や物流効率化の技術を生かし、ネット通販事業を強化する狙いだ。ローソンも17年末から生鮮品などを扱う「ローソンストア100」の出店候補地の売り上げをAIで予測する実験を始めた』とある。小売業でのAI活用に対する動きが活発化していることがうかがえる。

　一方で、機械化により多くが資本集約型産業となった製造業においては、生産計画のデジタル化と比較すると、需要計画のデジタル化が進んでいない傾向にある。最新の調査では、生産計画の高度デジタル化が進んでいる企業は6割というのに対し、需要計画の高度デジタル化は2割ほどしか実現できていないという実態が判明している。

　製造業においてはインダストリー4.0の考えのもと、IoTの活用によるスマートファクトリー化が経済産業省を中心に推し進められているところである。スマートファクトリー化により、モノの品質・状態など様々な情報がリアルタイムに収集・分析されるようになる。それが生産計画や需要計画のデジタル化へと結びつくのだが、実際には多くの企業が「データの収集」という入口の部分で躓いている。

　工場のあらゆるモノをIoT化し、様々なデータを収集するためには、投資、人材、そして何よりも現場の壁という問題を乗り越えなければならない。仮に投資の問題がクリアできたとする。人材はど

うだろうか。現場とITのそれぞれに詳しい人は多くても、双方を見極められる人が少ない。では、投資の環境も人材も揃ったとして、現場はどうだろうか。これまで熟練作業者ありきで動いてきた現場では急なシステム化を受け入れることが難しく、プロジェクトが頓挫してしまう。これが多くの企業における現状となっている。

標準化で今の倉庫の課題を解決する

倉庫において、標準化により実現されることは3つある。「トレーサビリティの向上」、「属人化の解消」、そして「シェアリングによる資産の有効活用」である。

①RFIDを使ったトレーサビリティの向上

1つ目のトレーサビリティの向上であるが、これは例えば、RFIDの導入により実現できる。あらゆる商品の情報を書き込んだRFIDを、生産工程からエンドユーザーに至るまで共通管理することによって、上流から下流まで情報が一元管理される。

具体的には、生産工程で取り付けられたRFIDを利用して検品作業・棚卸作業・ピッキングが行われることにより、今その商品がどの工程にあるのか、いつ・誰がどの工程を行ったのかをリアルタイムにシステムへ連携させてトレーサビリティを実現する。

また、RFIDは従来の1次元コード（バーコード）や2次元コード（QRコード）と異なり、書き込める情報量の多さや、一度に複数を読み込めるといった性能から作業生産性を大幅に向上させることができる。RFIDの優れた点は、保持できる情報量だけではない。商品1つ1つの個体を識別できる上、その情報を読み取るスピード、読み取り距離の長さなど、従来のコードより優れている点が多い。

128

第4章　ロジスティクス 4.0 への取り組みと壁

		RFID（パッシブ型）	2次元コード（QRコード）	1次元コード（バーコード）	備考
読取情報		電波誘導／電波	光学式（イメージ）	光学式（レーザー）	
コスト	タグ単価	高価（十数円）	安価（数円）	安価（数円）	
	導入費用	高価（専用リーダー）	安価（専用リーダー／スキャナ）	安価（専用リーダー／スキャナ）	
機能	精度	○※	◎	◎	※一度に重なったRFIDを読み込む場合に、読み漏れの可能性がある
	情報量	大※バイナリ、数字〜漢字	中バイナリ、数字〜漢字	小英数字、記号	※QRコードの15倍、バーコードの1000倍の情報量
	汚れ耐性	強	中※	弱	※欠損してもコード自身でデータを復元する誤り訂正機能がある
	複数一括読取	可能	可能	不可	
環境	タグの場所	視認不要（遮蔽物可）	見える場所	見える場所	
	読取距離	長い（数十m以上）	比較的短い（数十cm）	短い（10cm未満）	
セキュリティ	追加・書換	可能※	不可	不可	※無線通信の環境下で行うことから、意図せず情報が書き換えられるリスクもある
	不正複製	困難	容易	容易	
	暗号化	不可	容易	困難	

図表 4-3　RFID と QR コード、バーコードの比較表

　このようにサプライチェーンの上流から下流までを可視化する RFID であるが、RFID の導入にはその価格とソースタギング（RFID 等の電子タグを商品に装填・内蔵すること）が問題となっている。トレーサビリティの向上や生産性の向上を最大化させるに

129

は、生産工程で取り付けを行うのが望ましい。しかしながら、RFIDの取り付けによる工数増の負担、そしてRFIDの価格負担をサプライヤーが行うのか、倉庫が行うのか、または荷主が行うのか、といった根本的な問題は簡単に解決できるものではなく、普及へのネックとなっている。

RFIDの価格に関しては、今後5年で1枚5円ほどに下がっていくという予測もあるが、現時点では1枚十数円ほどであり、パレット単位での運用はできても、商品に1枚1枚につけて運用することが難しい企業が多いのが現状である。

RFIDの活用が進んでいる業界としては、SPA(Speciality store retailer of Private label Apparel)がある。SPAとは、製造小売業のことである。調達から販売に至るまでのすべての工程を一貫して自社で行うビジネスモデルで、日本ではファーストリテイリングやニトリが例として挙げられる。

また、コンビニ業界では、経済産業省と各社の共同の取り組みとして、2020年に全商品へ電子タグをつける計画「コンビニ電子タグ1000億枚宣言」を行っている。このような動きができるのは、小売企業は交渉力が強く、バリューチェーンの上流にいるメーカーに対してセンサーの導入を要求しやすい環境にいるためだ。本来であれば、メーカーにとってRFIDの取り付け作業はこれまでなかった作業であり、新たな作業を発生させたくないのが本音である。

それだけではない。RFIDをバリューチェーンの上流から下流で使用するには、それぞれの機能に位置する企業が共通のRFIDを認識できる機器を必要とする。今のRFID機器は製造ベンダーにより仕様が異なっている場合も多く、関係者全員の設備投資がなければ全行程での最適化は難しい。

130

②可視化で属人化を解消

2つ目に挙げた属人化の解消とは、熟練作業者しかできなかった作業、つまりある特定の人にしかできなかった作業が誰でも同じ品質でできるようになるということである。「属人化とは、ある特定の作業が特定の人にしかできない状態になってしまうこと」を指すのだが、そもそも属人化はなぜ起きてしまうのであろうか。1つには、作業そのものが比較的高度なために担当できる人材が限られてしまうことがあるだろう。

また1つには、作業の難易度はそれほど高くないが、1人の人材が長くその作業を担当することにより、経験と勘を通した属人的な進化が起きてしまい、作業自体がブラックボックス化してしまうことが挙げられる。いずれの場合も、作業は代々口伝えで継承され、マニュアル化されていないことがほとんどである。こうして属人化は起こっていく。

ロジスティクス4.0の世界においてはどうであろうか。例えば倉庫では、作業ロボットの導入やウェアラブル端末の導入をする際に、作業手順を定義する必要がある。作業手順を定義するということは、1つ1つの手順を可視化して、明確化することである。つまり、ブラックボックス化した作業は可視化されて、誰でもできるものとなり得る。これが属人化の解消である。

先に述べたように、属人化は、作業を特定の担当者任せにしてしまうことをきっかけとして起こることが多いため、属人化を解消するには作業を定義してマニュアル化を行い、そのマニュアルに沿った作業の徹底を仕組み化する必要がある。しかしながら、これらの取り組みを行うには、ある程度の時間を要する。そのために、多くの企業は属人化にリスクを感じていても目先の利益を優先して積極的な取り組みを実行できずにいるのが実態なのではないかと考えられる。

③シェアリングで資産の有効活用

3つ目のシェアリングによる資産の有効活用とは、先にも述べた通り倉庫の無駄なスペースやマテハン（遊休資産）を他社と共有する取り組みである。空スペースの無駄は、主にビジネス縮少による物量減や季節波動から発生する。本章の冒頭でも述べたように、多くの企業はこれを空スペースのままにしている。

この状況を打開するのが、空きスペースを借りたい企業とクラウド上のプラットフォームで需給のマッチングを行う倉庫スペースのシェアリングサービスである。この時に、契約や決済にはブロックチェーン技術を利用することで、紙の煩雑な手続きを行わなくても、データ上のやり取りだけで瞬時に手続きを完了させてしまうことができる。従来よりも遥かに低労力・低コストに物量波動への対応を行うことができるようになるのだ。

ここで、ブロックチェーンについてもう少し広げて説明したい。ブロックチェーン技術は金融業界で革命を起こすものとして注目されているが、ロジスティクスにおいても今後広い範囲で活用が可能になると見込まれている。データの透明性やセキュリティの高さを活かし、アセットマネジメントへの活用や契約手続きの自動化（スマートコントラクト）を行う。

また、そのデータの透明性やセキュリティの高さ、リアルタイムに情報を共有できる利点を活かし、決済処理まで簡潔に行う自動発注機能の開発へ向けた取り組み等も進んでいる。中でも活用範囲が広いとされている貿易においても、調達・輸送管理・貨物追跡・通関・貿易金融に活かすことができる。

ブロックチェーンは、標準化を進める上で今後重要な技術の1つとなるが、ブロックチェーン技術の取り組みが一番進んでいる貿易の分野でさえ、通関プロセスの自動化やあらゆる機能におけるペー

パーレス化を目指した実証実験が進んでいる段階であり、標準化プラットフォームへの活用も開発段階というのが実情だ。また、それぞれの実証実験で使われているブロックチェーンの規格は異なっており、今後商用化していくためには、それらの規格の統一化が必須となる。かつてEDIを統一規格にするまでに多大な時間を要したような労力が必要であると見込まれている。そのため、具体的にいつ、ロジスティクスのどの範囲までブロックチェーン技術を取り込むことができるのか、先行きは不透明である。

　また、倉庫空きスペースのシェアリングについては、第3章で紹介したsoucoがサービスの提供を開始しているが、シェアリングの必要性とニーズの高まりはある一方で、物流業界に蔓延する保守的な姿勢から実際の導入に踏み切ることができない企業が多いのが実態となっている。

┃ シェアリングで輸配送の無駄をなくす

　輸配送で生じやすい無駄には、積載効率の低下が挙げられる。リアルタイムに情報が繋がるIoT技術をベースとした求貨求車システムを展開していくことによって、日本のロジスティクス全体で無駄のない配車を行うことができるようになる。

　シェアリングをするのは車両だけではない。人（ドライバー）もシェアリングする時代となる。アメリカでは既にシェアリングプラットフォームに登録した一般人がラストワンマイルの配送を行うという新しいビジネスが始まっている。日本の宅配業界においても、特に深刻な人手不足問題を抱えているラストワンマイルの範囲において、車両＋ドライバーのシェアリングが普及していくと考えている。

また、輸配送におけるシェアリング・ロジスティクスとはマッチングサービスを利用して個社が他社のリソースを有効活用するだけのものではない。近年、ライバル企業同士での取り組みも増えている「共同配送」もその１つである。必要な時に、必要な車両を手配するプラットフォームがあると言っても、ニーズと合わなければ無駄は解消されない。IoTを用いたマッチングによる共同配送の仕組みを構築することで、空間の無駄をなくし、輸配送を最適化することができるのである。

　近年、このような車両のシェアリングや、車両＋ドライバーのシェアリングサービスを提供する企業が増えている。例えばハコベルでは、数百キログラムの荷物から4トン程度の荷物を運ぶことのできる車両とドライバー１名を必要な時に提供する運送マッチングサービスを2015年より開始している。他にも車両マッチングサービスを提供している会社は複数出始めており、どのサービスもが単なる車両手配を行うだけでなく、その車両が現在どこを走っているのか、どういった状況にあるのか、といった情報をリアルタイムに把握できる動態管理までできるサービスが提供されている。

　一方で、宅配におけるシェアリング・ロジスティクスの普及には、強力な配送ネットワークを持つ宅配大手3社による運送業務のオープン化が欠かせない。しかしながら、宅配大手の１つであるヤマトが、「ラストワンマイルを他社にゆだねることは無い」と明言しているなど、配送ネットワークそのものを競争力としている企業にとって運送業務のオープン化は高いハードルとなっている。

　そもそも大手の運送業者は独自に高度な配送管理システムを持っており、前述のような動態管理をはじめとする車両マッチング以外のサービス自体に魅力を感じないことも、シェアリングが進みづらい一因になっているのではないだろうか。

134

バリューチェーン全体における標準化のあるべき姿と実態

　バリューチェーンとは、事業の一連の活動を機能単位に分割し、その個々の工程を価値の連鎖として捉える考え方である。分割される工程は産業ごとに異なるが、調達・製造・出荷配送・販売・保守（アフターサービス）などが挙げられる。

　バリューチェーンにおいて物流は、かつては単なる作業であり、「コストセンター」＝コストダウンすべきものと見られ、戦略的に捉えて注力する必要はないという扱いをされてきた。物流は物流専門業者へアウトソーシングされ、荷主企業はその物流専門業者が行っている業務の中身を知らないまま、コストダウンを迫ってきたのが実情である。しかしながら、ITの発展と共に消費者の購買行動が多様化し、急速に変化している現代では、荷主企業はこれまでの業者任せの物流を行っていては生き残ることができなくなった。アウトソーシングによって業務の中身がブラックボックス化したことにより、市場の変化に応じた柔軟な物流のコントロールができなくなってしまったためである。

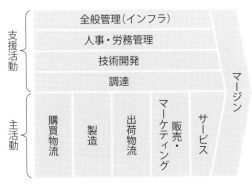

図表4-4　バリューチェーンの概念図

こうして一部の荷主企業では、物流を自社の業務に再取り込みを行い、売上高の５％を占める物流費を戦略的にコントロールするようになってきたのである。米アームストロング＆アソシエイツ社による2013年の業者調査によると、外部の業者に委託していた物流業務を自社の物流に戻した企業は調査対象企業の22％に上っており、数年この傾向が続いたという。

　バリューチェーンにおける物流を考える際に重要なことは、上流から下流までのサプライチェーン上の情報を一元化し、調達から販売に至るまでの各機能が一体となって物流最適化に取り組むことである。サプライチェーンが分断していると、例えば在庫過剰の問題が起きた時に、生産側の需要予測に問題があるのか、発注側の在庫の持ち方に問題があるのかなど責任の所在が曖昧になってしまう。サプライチェーン上の情報を一元化し、可視化することは、無駄のない物流を作り上げる上で欠かせない。

　しかしながら、多くは縦割り主義・業者任せの物流から脱却することができずにいる。自社に物流を再取り込みしようとしても、物流を業者任せにしすぎたために、自社で物流を行うノウハウが無くなってしまったのである。

第 4 章　ロジスティクス 4.0 への取り組みと壁

3　標準化の実現に向けた課題と 6 つの取り組み

　ここまでロジスティクス 4.0 時代のあるべき標準化に向けた取り組みと現状を見てきたが、標準化はまだ発展途中であると考える。

　まず、標準化や規格化が進まない背景を考えてみたい。これには日本の物流における歴史と文化が深く関係しているようである。日通総合研究所の井上文彦氏は、次のように述べている。

　『かつては日本では、労働力の確保が比較的容易であったことや人海戦術の対応が多かったことなどもあり、規格化・標準化はあまり進まずに個別最適の現場が多く作り上げられてきた。一方、欧米では、作業者間のスキル差が大きいことや分業システムが中心だったこともあり、早い段階から標準的なロジスティクスオペレーションの検討がなされ、機械化技術の導入も進めやすかったようである』

　さらに、欧米と日本の技術導入の差についてこう述べている。

　『欧米では多国籍に渡る横展開を基本に考えていることや、日本のカスタマイズ主義のケースと異なり、基本形を早急に作り上げトライ＆エラーで展開するという土壌があったことが大きい』

　確かに日本のカスタマイズ主義は根強く、それぞれが納得のいくゴールが見えていなければ最新技術の導入は進まない。こうした日本の考え方は、標準化や規格化に向けた障壁となっているだけではなく、その先の省人化を見据えた動きを見ても、ロジスティクス4.0 化に必要な技術の導入が世界的に遅れを取っている原因になっていると考えられる。

　このように歴史や文化により標準化が進んでいないという現実は

137

あるのだが、前進させるための取り組み課題は存在する。

標準化の課題と取り組み①―シェアリング

　標準化には「シェアリング」と「属人的な作業をなくして効率化させる」2つの種類があると前述した。情報をつなぐことで実現する「シェアリング」は、複数の企業が1つの共通プラットフォーム上に自社の情報を流すことで、倉庫や輸配送車両をシェアリングしていくという考えである。

　物流資産をシェアリングするサービスはまだ黎明期であり、サプライチェーン全体で物流資産を共有化できるプラットフォームは国内ではまだ存在していないと認識している。しかし、いくつかの企業は既に動き出している。ユニバーサルサービスのプラットフォームではないが、企業グループ間で資産を共通化する動きが、日本を代表する企業グループを中心に出てきている。

　企業グループでなくとも、異業種であっても、似たような物流を行っている企業は存在する。例えば個人宅へ大きな荷物の配送を行うグループだと、住宅建材、取り付け家具、大物家電、家庭用燃料電池、ソーラーパネルなど様々な対象企業を挙げることができる。このように物流特性で括ると、いくつかの企業が物流資産を共通化できる可能性が出てくる。

　例えば、ユニック車(クレーンを装備したトラックの通称)が良い例だろう。ユニック車自体は車両台数が非常に少ないため、それを必要とする企業は企業間で情報を連携させて、車両のシェアリングを行い車両を確保する。また、これは同時に配送コスト低減にもつながる可能性が高い。部分的なシェアリングでも今から実施することにより、将来的な対応にもつながっていく可能性がある。

第4章　ロジスティクス4.0への取り組みと壁

　今まで自社の閉じられた世界で物流効率化を行ってきた企業は、外の企業とのつながりを意識していくことが必要である。それは単にコスト削減の目的だけではなく、ロジスティクスがプラットフォームで提供されていく時代に対する準備にもなる。

　ただし、企業間での情報シェアをExcelで行っていたのでは人手作業が増えるだけである。ETL（ETL：Extract、Transform、Load）ツールを利用するなりして、情報の共通化に取り組んでおくことが必要である。これにより、プラットフォームが確立してきた際にも柔軟な対応が可能となる。

標準化の課題と取り組み②─属人化の解消

　日本の物流はかつて人の確保がまだ容易な時代に、顧客との関係を維持するため、人海戦術によってサービスレベルを向上させる傾向があった。つまり、作業者の対応力の高さ、そして現場力が今の日本の物流の根幹を支えている。日本では当たり前のように要求されるが、バラ商品のセット化やズレのない綺麗なラベル貼り、ギフトラッピングといったきめ細かなサービスができるのも熟練作業者のレベルの高さがあってこそ実現していると言えよう。

　付加価値の提供は差別化の重要な要素であるが、今の日本の物流には人手ありきの付加価値サービスが増えすぎているのではないだろうか。自動化したくても標準化できない作業が溢れ、属人的な作業に縛られている企業は多い。

　属人化を解消させるためには、企業特有の業務を排除してスリム化し、同一業種であれば全く同じ業務プロセスに統一化する（標準化）という考えがまず先に立つと思うが、筆者の考えは少し異な

139

る。なぜなら、企業特有の業務はそれ自体がサービスになっている場合が多いためである。商品がコモディティ化している現在では、サービスの内容と質が消費者や企業の購入判断を左右する。

　では、属人化している業務をどのように形式知化していくかを考えると、まずは、自社がどのようなサービスを行っているか、それがどれだけの売上につながっているのかを可視化させる必要がある。つまりは、業務の棚卸を行うことが必要となる。売上に寄与するサービスを棚卸することにより、副次的な効果として、まだサービスを展開していない顧客に対する横展開も行える可能性がある。

　次に実施するのが、それぞれ属人化された業務をマニュアル化していく作業である。ここで想定される課題は、属人化された業務は、作業者の頭の中に複雑な判断基準が存在するために、形式知化させること自体が困難であるということであろう。日本において物流はその場の状況に合わせて作業者が判断して行う領域が多い業務である。ある商品の出荷量が多い日であれば、作業者の判断でその商品をピッキングしやすい位置に置き換えたり、オリコンへの商品の詰め方を取り出しやすい方法で詰めたり、また、ECの出荷においては、購入され商品から購入者をイメージして同封物を変えたりするということを人の判断で実施している。その時の状態を目で見て判断し、最適な方法を考え、実行していると言い換えることができる。

　属人化された業務の形式知化は、「状態」と「それに基づくアクション」を定義できれば、ほぼ完成させることができる。ただし、すべての属人化業務を定義化することは非常に労力がかかるため、まずは業務棚卸の結果でその実施効果が高いと考えられるものから優先的に実施していくのが良いと考える。

　日本型ロジスティクス4.0では、属人化された非定型業務は、IoT

やComputer Vision（コンピュータにデジタルな画像、または動画を理解させることを扱う研究分野）を用いて状態を把握し、AIによって取るべき最適なアクションを設定し、ロボットが作業を実行するという状態になる。その実現に向け、属人化業務の定義化はいずれ必要になる作業であると考えている。

標準化の課題と取り組み③──情報通信テクノロジーの活用

　標準化に取り組むためには「シェアリング」により企業間のビジネス上の連携を作り、「属人化の解消」で自社の優位性を保つナレッジの形式知化を図ると述べてきた。ここでは、それら標準化に向けて必要となる情報通信テクノロジーについて述べたい。

　IoTで様々なモノが繋がると、通信するデバイスは膨大な数になる。現状のままでは、大量のIoT機器を導入したとしても通信速度の問題や、場合によっては通信が途切れてしまうなどの問題に直面して思ったようなIoT機器の導入効果が得られないことも考えられる。この状況に対応するためには、超高速で大容量な通信インフラが必要となるのである。この打開策として、LTE通信の次世代となる5G通信の研究開発が進められている。より安定したIoT機器の稼働や安全な自動運転には5G通信インフラを整備することが必要である。

　5Gは、2020年の実用化を目標として企業が目下研究開発に取り組んでいる段階である。5Gは現在普及している4Gと比較して通信速度が数十倍〜百倍近く早くなると見込まれており、通信速度の安定性も向上する。4Gの環境下では、個人のネット使用においても通信速度の低下が頻繁に起きてしまうが、5GによってIoT時代に耐えうる環境が整うと期待されている。5Gは、大量のIoT機器を

導入できたのは良いが、ネットワーク環境が悪くて結局マニュアル対応が多く発生してしまうといった本末転倒な結果を回避する重要な技術になると考えている。

また、AIについても数年前から加速度的に様々な分野で様々な利用方法が実現化されてきている。海外ではAI・IoTによるサービスが日本に先行して開発されているため、海外からのサービス輸入が積極的に行われると考えている。世の中は刻々と動いており、それに対して静観している企業は、対策を進めている企業から遅れを取ることは必至である。

▍標準化の課題と取り組み④─物流情報のIT化

省人化の前提にもなる情報の標準化を行うためには、あらゆる物流の情報がデータ化されている必要があることを本章の冒頭に述べた。しかしながら、インダストリー4.0に始まり業界を問わずAI・IoTをキーワードとした「4.0」の概念が広がっている中でも、実際の現場に目を向けてみると、紙媒体の業務を中心としたアナログなオペレーションをしている所は未だ多いのが現状である。

では、AI・IoTを利用した省人化対策を見据え、情報の標準化を進めるために日本企業がすべきことは何であろうか。これには2つあると考える。1つは、データの蓄積である。WMS（WMS：Warehouse Management System）やTMS（TMS：Transportation Management System）を導入している企業であれば、入荷・出荷・在庫・輸送・配送等の実績データを蓄積できる基盤があるため、それらのデータをデータマートに蓄積しておくことを考えるべきである。物流のITシステム導入が遅れている企業は、ITの利用を進めていくことが必要である。今までITシステムは業務を効率

142

化させることが導入目的となっていたが、AIの時代ではAIに勉強させるためのデータを集めるということも1つの役割になってくる。そして、もう1つはIT人材の確保であるが、こちらについては次に詳しく述べたい。

標準化の課題と取り組み⑤──人材の確保

IT人材を求める業界・企業・市場が増えており、ロジスティクス分野においても、サプライチェーン・ロジスティクス領域に精通し、かつAIに対しても常にアンテナを張っているデータアナリスト的な役割の人材が、将来的にはニーズが非常に高くなると考えている。その中で、IT人材の人手不足問題が大きな壁となっている。

『IT人材白書2018』によると、IT企業におけるIT人材の不足の調査において、「IT人材が大幅に不足している」「やや不足している」と答えた企業の割合は過去11年間で2017年度が一番高くなっている。これは、IT企業だけでなく、ユーザー企業においても同じ傾向と言える。

IT企業のIT人材が不足することにより、ロジスティクス4.0実現の前提となるAI・IoTを用いた技術の開発やスピーディな導入に十分な体制を築くことが困難となる。また、ユーザー側のIT人材が不足することは、物流現場において最新システムや最新技術を用いた機器の導入や安定した運用を実施していくことへの障壁となってしまう。

日本において技術者が育たない要因には、未だ日本全体でIT技術職の待遇が良くない現状の他、海外との教育への注力度合いの差が大きいことにあるのではないだろうか。図表4-7はアメリカと日

143

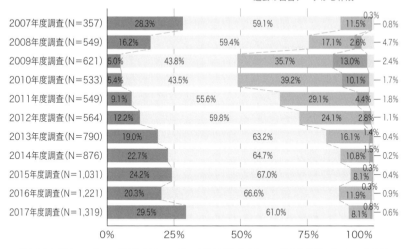

図表 4-5　IT 企業の IT 人材の量に対する過不足感

本の従業員1人あたりの教育研修費用を比較したものである。日本でもここ数年で教育研修費用は増加する傾向にあるが、アメリカは日本の3倍以上も従業員の育成に費用を捻出していることがわかる。

　このような教育への投資の差が、技術者充足の差へ直結していると言えるのではないだろうか。

　このような技術者不足の事態を受けた、日本政府の動きがある。経済産業省では、IT・データを中心とした将来の成長が強く見込まれ、雇用創出に貢献する分野に向けた新たな制度「第四次産業革命スキル習得講座認定制度」を設立した。社会人が高度な専門性を

第 4 章　ロジスティクス 4.0 への取り組みと壁

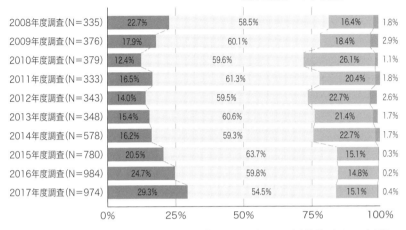

図表 4-6　ユーザーの IT 人材の量に対する過不足感

身に付けてキャリアアップを図る、専門的・実践的な教育訓練講座を経済産業大臣が認定する制度である。その中でさらに厚生労働大臣の指定を受けた講座は、「専門実践教育訓練給付」の対象となり、一定の条件下で教育訓練経費の一部が援助される。企業が自主的に従業員の教育研修費用を増やしていくことも重要であるが、このような制度を従業員が積極的に活用しやすい仕組みを作ることも重要ではないだろうか。

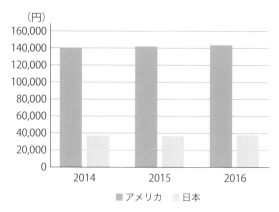

出典：『State of the Industry Report』ATD（Association for Talent Development）と『教育研修費用の実態調査産労総合研究所』2015～2017年度版　産労総合研究所を加工して作成
URL：https://www.td.org/research-reports/2015-state-of-the-industry
　　　https://www.td.org/insights/atd-releases-2016-state-of-the-industry-report
　　　https://www.e-sanro.net/research/research_jinji/kyoiku/kyoikukenshu/

図表 4-7　従業員 1 人あたりの教育研修費用比較

標準化の課題と取り組み⑥―情報セキュリティの強化

　IoT機器はネットワークに常に接続していることが多いため、セキュリティ攻撃にあった場合、そのIoT機器単体に留まらず、関連するシステム全体へと被害が拡大するリスクが非常に高い。セキュリティ対策に関しては、情報処理推進機構が「IoT製品・サービス脆弱性対応ガイド」を通して脆弱性対策の取り組み状況や課題、脆弱性による問題発生時の被害や知見などを取りまとめ、IoT製品・サービス開発者に脆弱性対策を促進する活動を行っている。それでも、実際に被害にあってしまった場合、企業にとって致命的な情報の流出に繋がることもあり得るため、オープンなプラットフォームを活用することや、あらゆる情報をインターネット上につなぐことを躊躇する企業もある。

第4章　ロジスティクス4.0への取り組みと壁

　また、セキュリティを向上させる上では大きな課題がある。それがコストの課題である。本来ならばすべてのIoT機器にセキュリティ技術を実装するべきだが、現状はコスト等の面からセキュリティは後回しにされることが多々あり、脆弱なIoT機器が多数存在しているのが実情である。よって、IoTセキュリティを考える上でも投資が大きな課題となることは明白である。

　しかしながら、ネットワーク上に繋がる機器に対するサイバー攻撃の脅威には万能薬となる解決策がない。サイバー攻撃の方法は次々と新たなものが生み出される。「うちの会社は大丈夫」などと悠長な姿勢でいれば、いつの間にかウイルス感染にさらされているといったことが珍しくはない時代である。特にIoTでサプライチェーン上の情報が繋がるということは、サプライチェーン上にあるすべてのIoT機器が同様にセキュリティ対策を組まれなければ、いつ、どこで脅威にさらされるかわからないということでもある。

　セキュリティ向上のための取り組み方法、ノウハウについては専門書をご参考頂きたいが、本書ではIoT時代のセキュリティの考え方について少し触れておきたい。

　IoTセキュリティを考える時には、「IoT機器そのもののセキュリティが十分に確保されていること」は勿論、「使用者側組織における、セキュリティへの取り組み体制が万全であること」、「機器、サービス提供側のサポートが万全であること」を忘れてはならない。何よりもまず、セキュリティ対策が万全な機器・システムを導入する事が第一歩となる。しかし、サイバー攻撃の方法は刻々と変わっていくため、適切なアップデートがされ、問題が起きた時の提供側からの十分なサポートが不可欠である。また、IoTを用いた機器やシステムの使用側としても、会社全体でセキュリティに対する意識改革を行い、対応に必要な人材を確保する必要がある。

147

総務省と経済産業省は、IoT推進コンソーシアムIoTセキュリティワーキンググループを開催し、2016年7月に「IoTセキュリティガイドライン」を発表した。これは、IoT機器やIoTサービスに関して、セキュリティを確保するための注意すべき5つの指針をまとめたものである。先に述べたセキュリティの考え方についても、使用者側・提供側の双方のあるべき姿を示しているので参考にしてほしい。

　また、IoT技術の進歩とともに増大するサイバーセキュリティのリスク増加への対策として、経済産業省では2018年夏、コネクテッド・インダストリーズ税制（IoT税制）を創設した。経済産業省の説明によると、この制度は「一定のサイバーセキュリティ対策が講じられたデータ連携・利活用により、生産性を向上させる取組について、それに必要となるシステムや、センサー・ロボット等の導入を支援する税制措置」である。最新技術の取り込みに投資が掛かり、セキュリティ対策を後回しにしがちな状況から脱却するために活かしていくべき制度である。

　企業としては、これらのガイドラインや制度を活用し、自社の情報セキュリティを高度に標準化させていかなければならない。新たなシステムの導入を検討されている企業であれば、まずは、ガイドラインに沿ったシステムやベンダーの選定が必要になることは言うまでもない。

第 4 章　ロジスティクス 4.0 への取り組みと壁

4　現場における省人化の実態

ロジスティクス 4.0 のあるべき姿

　ロジスティクス 4.0 の世界では、AI・IoT の技術によって、かつては人の思考や人の力を必要としてきた作業におけるあらゆるものが自動化される。これによりベテラン作業者も含め、作業者そのものが AI システムやロボットに置き換わり、不要となる領域が出てくると見込まれている。例えば、倉庫のピッキング作業では、ピッキング量の多い保管エリアに作業者を集中的に配置することがあるが、これは作業者の渋滞を起こすだけで、作業効率が悪い。このような状況も人が AI・ロボットに変わることで、学習を重ね緻密に計算された最適な作業動線上をスムーズにピッキングする光景に変わっていく。

　また、自動化によって解決されるのは、作業人員の不足や高齢化といった問題だけではない。多くの作業において安定的かつ高品質のパフォーマンスが実現されるようになるのである。

　ここからは標準化と同じように、機能別に「倉庫」と「輸配送」について、ロジスティクス 4.0 におけるあるべき姿と実態を見ていきたい。

熟練作業者頼みで回っている倉庫業務

　まず、倉庫作業において重要視されるのが、作業計画である。作業の計画は、これまで人の経験と勘により行われてきた。確かに経

149

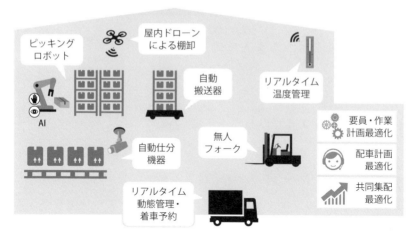

図表 4-8　倉庫におけるスマートロジスティクス

験豊富な現場管理者による人員配置を含めた作業計画は、その当日の対応において見事な場合が多い。しかし、あくまでも作業当日の対応であって、事前の予測では、能力が発揮されない場面が多々あるのではないだろうか。この人手による作業計画をAIが取って代わる。アイテムレベルでの細かな予測ができるようになれば、事前作業も可能となり、曜日による物量の波動を吸収することができる。

　また、これまで人手が行ってきた検品や棚入れ、棚卸、ピッキング、流通加工、そしてそれらをつなぐ搬送機能といったあらゆる作業がロボットに置き換わる。管理者を含めた完全無人倉庫が実現される。これがスマートロジスティクスの実現である。

　しかしながら、実際にスマートロジスティクスを実現している倉庫の例はまだほとんど無い。また、作業の自動化においても、自動化ロボットの導入や自動搬送機器の導入は一部の企業が先行して投

資を行い、進めているにすぎない。自動化が進んでいる倉庫でさえ、部分最適と化しているのが現状ではないだろうか。

人手による作業は決して単調ではなく、倉庫で扱う商品は形状から素材、重量まで多種多様である。さらには、これらをあらゆる条件下で扱うことが必要であり、対応できる自動化ロボットは商用化され始めたばかりだ。大きな投資をして失敗するリスクを考えれば、このような自動化ロボットの効果が市場で十分に立証されてから使いたいというのが多くの企業の本音ではないだろうか。こうして、相変わらず人、特に熟練作業者に頼ったオペレーションを行っている倉庫が圧倒的に多いのが現状となっている。

自動運転、ドローンなどで変革が期待される輸配送

輸配送の管理部門においては、AI配車計画やAIによるルート最適化が省人化を達成する技術として期待される。過去の配車計画・配送実績データをAIが分析して配車需要を予測し、最適な配車計画やルート設定を行う。従来、配車マンと呼ばれる管理者が、これまでに培ってきた知識・経験を活かして行っていた業務が、AIによって自動的に実施される。

トラックや船の自動運転に関しては、ある特定の条件下においては人の介在がない自動運転が期待されている。トラックの場合、高速道路内では完全自動運転（レベル4）、船の場合は接岸・荷役以外の領域（外洋上・沿岸部・港内）における自動運転が実現されると非常に大きな省人化効果が得られる。

ラストワンマイルでは、ドローンが荷物を届ける。人は出発指示を出すのみで、操縦は自動制御され、荷物納品時にはドローンが自動的に生体認証して受取人を認識し、受領確認ができるようになる

151

だろう。

　一方で、実態として、配車作業員の人手不足は、ドライバーの人手不足ほど深刻な状況ではないため、現在擁しているベテランの配車作業員で事足りていると感じている企業は多い。また、投資の優先度においても低くなりがちなのが現状で、AIによる配車支援技術の導入は普及していない。

　自動運転においては、未だ実証実験の段階にあり、技術的にはレベル4の自動運転まで開発がされているものの、商用化されていない。完全無人運転においては、「20XX年に商用化を実現する」、といったような目標すら現時点では示されていない状況である。法の整備の観点でも対応は遅れており、既存の車との共存が商用化のポイントとなる。

　ドローンにおいては、山間部のような周辺の建築物に影響が少ない範囲での実証実験が行われている段階である。こちらもまた、自動運転と同じように法の整備対応は進んでいない。全国的に宅配で利用される日はいつ来るかわからない状況である。

第4章　ロジスティクス4.0への取り組みと壁

5 省人化の実現に向けた課題と3つの取り組み

　省人化に向けた取り組みと現状を見てきたが、標準化を実現して
もなお、省人化を実現してロジスティクス4.0に到達するには課題
が残る。省人化へ向けた課題としては、技術的な問題や省人化機器
に掛ける投資が大きいということである。

省人化の課題と取り組み①―自動化機器の導入

　倉庫における自動化ロボットの導入は、搬送の部分のみなど部分
最適になっていることが多い。先に業界特有の問題としても述べた
通り、物流事業者の扱うモノは不特定多数で様々な形状をしている
ため、倉庫の一連の作業に対応できるロボットがないというのが現
状で、企業にとっても導入へのハードルが高い。

　月刊誌Logi-biz2018年9月号に掲載されている、最新の3PL事
業者へのアンケートで、ピッキングロボットの導入を行っている企
業は2.7%、当面導入する予定のない企業が過半数の62.2%に上って
いることからも、導入へのハードルの高さがうかがえる。

　しかしながら、技術という観点で見ると、最近、MUJINが開発
した動作指示をカメラによる商品形状認識を通して行うAIコント
ローラを組み合わせた自動化ロボットが実現しているなど、対応で
きる作業は増えつつある。技術の発展は今や想像を超えるスピード
で進んでおり、年々解決されることが期待されている。

153

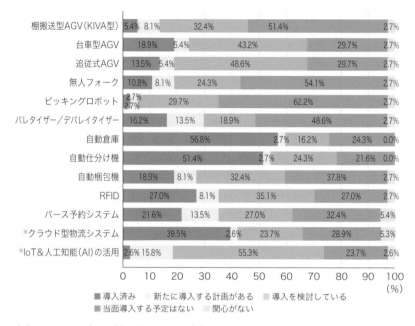

出典：Logi-biz 2018年9月 大矢昌浩 ライノス・パブリケーションズ

図表 4-9　物流センターの自動化・省力化投資の実態
（回答企業数 37、※の項目のみ 38）

　導入を検討している企業にとっては、いくつかの考慮点を踏まえる必要がある。現在市場に投入されている自動搬送系ロボットは、ECなどの出荷トランザクションが膨大になる物流センターをターゲットとして設計されているものがほとんどである。そのような物流センターでは出荷作業において作業者を大量に必要とし、要員確保並びに荷役原価に相当な負荷がかかっている。つまり、今のロボットはこのような喫緊の課題への対策として考えられているソリューションである。しかし、自動搬送系ロボット導入時に考慮すべきは、自動化の効果を何年で回収できるかという試算を行い、投資に見合う効果を出せるのかどうかを正確に判断する必要があるこ

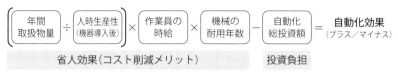

図表4-10　自動化機器投資における判断ロジック

とである。

　また自動化機器は、すべての業務ではなく、ある一部分の業務を対象として効率化を行うことになるケースが多い。

　例えば、出荷におけるピッキングにおいて自動化機器を導入する場合、前工程の棚への在庫補充が適切に行われないと、自動化機器の出荷におけるスループットが結果として上がらなくなる。また、後工程の梱包作業においても、複雑な作業を人手で行っており、生産性が低い場合、結果として出荷のスループットは上がらない。自動化機器導入により一部分の生産性は高まるが、入荷から補充、出荷までの一連の作業においてすべてが自動化されていない場合は、前後の作業の生産性も高めることを考慮しなければ、結果として人は減ったが出荷のスループットが上がらずに、増加する物量に耐えられないなどといったことが起こり得る。

　投資を行える企業はロボットや自動倉庫などの自動化機器の導入を進めるべきであるが、事前に自社の業務をしっかりと把握し、自動化機器の使い方をよく考えた上で導入しなければ、当初の想定に対して結果が伴わなくなる危険性があることを注意して検討を進めて頂きたい。

省人化の課題と取り組み②─輸送の自動化

　自動運転車は各自動車メーカー・国土交通省・経済産業省などが実証実験に取り組んでいる。船の自動運転については、2025年の実用化に向けて国土交通省が議論を始めたところである。ドローンについても同様である。2016年から国土交通省において、物流分野におけるドローンの活用が検討され始めている。

　また、楽天などの民間企業でも独自にドローンの実証実験を開始している。実証実験の実施により実用化へ向けて解決すべき課題が見えてきており、現実世界での適用が可能なのか否かの見定めが行われている段階である。

　実社会に新たな技術を導入するにあたっては、法の整備が急務となっている。自動運転車に関しては、実証実験と並行して、法の議論が始まったところである。

　図表4-11は自動運転の実用化に向けて今後検討していくべき法律である。自動運転の法整備においては単なる交通ルールの整備だけではない複雑な事情が壁となっていることがわかるであろう。

　さらに、日本では自動運転の法整備に向けて乗り越えなければならないもう1つの大きな壁がある。それは、日本におけるこれらの法律の前提となる、日本が批准するジュネーブ条約において自動運転が認められなければならないことである。ジュネーブ条約では、「車両には運転者がいなければならない」と規定されており、日本の道路交通法はこれを受けて「ハンドル、ブレーキその他の装置を確実に操作しなくてはならない」としている。そのため、現状は日本が独自に法整備を行ってもレベル3以上の自動運転は実用化できないのである。

156

第4章　ロジスティクス4.0への取り組みと壁

責任を負う個人／法人	責任の種類	適用される法律
運転者	刑事責任[課題1]	自動車運転死傷行為処罰法
		刑法
		道路交通法・道路運送車両法
	行政処分	道路交通法[課題3]
	不法行為責任	民法
運行供用者	運行供用者責任	自動車損害賠償保障法[課題4]
完成車・部品メーカー	製造物責任[課題2]	製造物責任法
ソフトウェア事業者など	不法行為責任	民法
販売事業者	瑕疵担保責任	
整備事業者	債務不履行	
民間設備事業者	工作物責任など	
高速道路会社	営造物責任に準ずる責任	道路整備特別措置法など
行政	営造物責任	国家賠償法

課題1 レベル3以上でシステムが運転主体になれば運転者に責任を問えないことも

課題2 メーカーへの責任追及が増える可能性がある

課題3 現行法は「運転操作」が不要な場合を想定しておらず、見直す必要がある

課題4 レベル4までは現行法適用だが、自動車メーカーに保険金を求償できるかが課題

(注)運行供用者とは車の所有者や運転者、タクシー会社などの事業者を指す。完成車・部品メーカーには刑事責任として業務上過失致死傷罪や製造物責任などもある

出所：経済産業省「自動走行ビジネス検討会」などの資料を基に本誌作成
出典：週刊東洋経済 2018年7月7日号　高見和也　東洋経済新報社

図表4-11　現行法による自動車事故の法的責任と、自動運転の進展による課題

　この件に関しては、日本をはじめドイツなど自動車生産国が条約改正ではなく、「解釈」による補足事項の設定により自動運転を認めさせるよう動いている。100に及ぶ批准国の中で自動車生産国が少ないジュネーブ条約は、改正のハードルが高い。一方で、先進国の自動運転社会実現に向けた気運は高まるばかりである。この風潮が後押しし、「解釈」という手段を使ってジュネーブ条約の足枷が外れる日もそう遠くないであろう。

　日本の法改正に関して、政府では、2018年4月17日に自動運転の制度整備大綱を決定している。これは、市場導入期である2020

157

年〜2025年頃の公道において、自動運転車と一般車が混在、かつ自動運転車の割合が少ない「過渡期」を想定した法改正への方向性を示したものである。物流においては、自動運転レベル3の高速道路における自動運転（トラックの隊列走行）が対象となる。隊列走行は、電子牽引や車間通信による追随走行によるものを前提としている。具体的には、2022年頃に商業化することを見据えて、走行速度・走行車線などの交通ルールや、自動運転車が満たすべき安全性の確保、保安基準、走行記録装置の義務化について、また民事・刑事の責任について議論を進めていくという内容となっている。この頃は現行の車との共存が前提となるため、自動運転車は現在の走行速度より低速、定められたルート、天候や時間帯においても制限付きとなることが見込まれる。

　法整備が進み、レベル3以上の自動運転を実現させるためには、専用路を設けたり、大きな速度規制を設けたりと、しばらくの間現行の車社会にも混乱を招くと考えられる。ドライバー不足の解消やドライバーの労働環境改善に大いに期待される自動運転は、安全運転を阻害するリスクや物流の混乱というリスクになり得る。十分な検証の上で法整備が実施されていくことを願いたい。

▌省人化の課題と取り組み③—設備投資

　日本のAI・IoTに向けた投資は他国と比較しても低い状況である。図4-12は、各国の2015年時点でのIoT導入状況と2020年に向けた今後のIoT導入意向を表している。

　企業の教育研修費用の比較でも浮彫になったが、アメリカは突出してIoT導入への意向が高いことに比べ、日本は5年ほどの遅れを

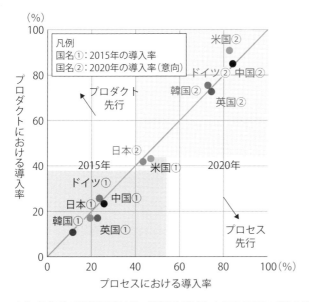

出典：平成28年度版情報通信白書　総務省「IoT時代におけるICT産業の構造分析とICTによる経済成長への多面的貢献の検証に関する調査研究」（平成28年）
http://www.soumu.go.jp/johotsusintokei/whitepaper/ja/h28/summary/summary01.pdf

図表4-12　各国のIoT導入状況と今後の導入意向

とっている状況と言える。対アメリカだけではなく、その他の国と比べても日本のIoT導入意欲は低い。確かに、AIやロボットによる自動化設備には多大な投資が掛かるのは明らかである。例えば、倉庫においては、荷主が倉庫の長期リース契約を結ぶなど、初期費用も高く、今のような自社で物流インフラを構築し、中長期的に売却するビジネスモデルでは変化に対応することができない。

　例えば、「中国のAmazon」とも言われている京東（JD.com）では、既に完全無人化倉庫や無人配達を実現しているが、日本ではこのような完全無人倉庫の例は未だない。先に述べた欧米の技術導入の速さと同じように、意思決定のスピードの違いが日本との決定的な差を生んだのではないだろうか。大手企業では、投資をする余裕

があり、将来の人手不足などの課題解消に向けた投資を行っている
が、中小企業ではそれが別世界の話だと考えてしまう。その上、ボ
トムアップ型の意思決定が企業文化となっている日本においては、
提案から実現までに時間が掛かりすぎてしまい、結局は実現しな
い、ということも多いのが実情である。

　また、日本の現場力は非常に高く、作業者間のスキルの差も大き
くない。顧客の無理難題にも柔軟に対応し、緊急時でも夜通し働い
てサービスレベルを保とうとする心がある。日本の物流は、そう
いった優秀な現場力をもとに成り立っている。企業はすぐそこまで
来ている人手不足という問題を認識しながらも、問題の解決を後回
しにし、目の前の顧客に応えることで精いっぱいになっているので
ある。

　最新技術の適切な導入は、最終的には生産性の向上や精度の向
上、品質の向上をもたらし、人手不足の解消に繋がる。

　しかしながら、人手に頼りすぎていた日本では、作業の担い手が
優秀な人手から機械に代わることによる、一時的な生産性の低下や
作業品質の低下を恐れている。加えて、まだ一部の大手企業しか取
り入れていないような、不確実な技術を取り入れることには積極的
でない。

　マテハン・ロボット・ウェアラブル端末・無人トラック走行・無
人化物流センターなどの実現には多くの投資が必要となるが、物流
業者の業務委託の契約期間は3年から5年と短期であることが多
い。荷主企業は、短期契約思考を改め、投資回収や人材の育成など
の課題に対し、中長期的な視点に立って、良好なパートナーシップ
を醸成し、荷主企業と3PL事業者、双方が努力に見合った成果を享
受できるように変革していくことが必要なのである。

160

第4章　ロジスティクス4.0への取り組みと壁

　自動化投資を行わずとも、省人化に向けた施策もある。それは、作業の容易性を高めることである。例えば、外国人労働者やスポットのアルバイト、また高齢者を活用できる環境を作り上げることで、物流における人手不足対応と荷役費コスト低減に寄与できると考えている。省人化対策と直接的には異なるが、作業者不足に対する取り組みとしては非常に有効な手段であり、まだ日本の物流では十分に対応できていない領域でもある。

　実際のところ、小売及び3PL企業でベトナム人の作業者を採用し始めたという話を聞いている。一部企業は既に動き始めているのである。しかし、これら海外の労働者を活用していくには、それなりのハードルが存在する。言語や文化の違い、日本人とのコミュニケーション等いくつか考えられ、すぐに生産性の高い業務を実施することは難しいであろう。また、このような作業者を活用する場合、既存の日本人作業者は彼らに業務の説明や作業指示をすることにより、自身の作業生産性が大幅に低減してしまうことも容易に想像できる。

　外国人労働者やスポットアルバイト、また高齢者を活用する業務はどのように構築されるべきなのか。1つはVR（VR：Virtual Reality）を活用した業務支援ツールの利用が挙げられる。既に各社がピッキングの作業動線を指示するようなソリューションを提供開始しており、その実績も上がってきている。もちろん言語対応も難しい問題ではない。作業者に対して現場において何をすべきなのかをわかりやすく指示し、行った行為が正しいのか間違っているのかを自分自身で判断できるツールがあることで作業生産性は大幅に向上していく。

　また、パワーアシストスーツも既に提供されている技術であり、高齢者や女性でも作業が行える環境を作り出していくことが可能で

161

ある。物流現場を敬遠する方の中には、体力的に不安を持つ方も多いと推測する。高齢者や女性が安心して働くことができる業務作りは、これから高齢化していく日本においては、むしろ各社が取り組まなければいけない課題なのかもしれない。

　もちろん、これら技術を利用するには投資が必要である。しかし、自動化機器の導入と比較すると、小さな投資で実現できるものであろう。重要なことは、企業が意識を持って人手不足への対策に本腰を入れられるかどうかであると考えている。

　また、国の投資補助を活用していくことも手段の1つである。国としては、AI・IoTを用いた最新技術の導入に向けた投資の補助は行われていないが、AIシステムの共同開発・本格導入までの事業費を補助する「AIシステム共同開発支援」やハードウェア製造において量産化を支援する「スタートアップファクトリー構築支援」といった国による投資の補助が始まっている。これらが技術開発のスピードアップを促進し、最新技術の市場への提供価格を抑える役割をしてくれることを期待したい。

第 **5** 章

ロジスティクス 4.0 の
今後の展開

1 ロジスティクス 4.0 以降の世界と物流

　現在のロジスティクス業界には人手不足という社会的な課題があり、本書では、AIやIoTを用いてその問題に取り組んでいく事を述べてきた。物流が装置産業化し、またその物流インフラをシェアリングで多くの企業が活用し始めた時、人手不足という課題の解決が見えてくる。

　では、その次に来る課題はどのようなものなのであろうか。

　本章では、10年後・20年後・30年後という将来はどのような世の中になっており、どのようなニーズや課題が生まれてくるのか。それに対応する物流はどのような技術で、どのようなサービスを提供していくべきか。それを考えていくために、「経済」「エネルギー」「気候」「人口」「技術」の観点から、それぞれの将来予測と共に、ロジスティクスに与える影響やその後の変化を想定してみたい。

▎経済―グローバルで加速する物流装置産業化

　2050年、世界の実質GDP額は2011年の42兆ドルから122兆ドルと2.9倍になると想定されている。2050年の経済では、海外の新興国のマーケットは拡大し、GDPの規模で中国が世界一になると予測されている。GDPランキングでは日本は7位に落ち、世界全体の中で占める日本のGDPの割合は2011年の12%から2050年には5%に低下する。世界経済における日本のプレゼンスは低下していく一

方である。世界経済などについて意見交換されている主要国首脳会議はG7からG20に拡大し、新興国の影響力が高まり、国際的な調整はますます困難になっていくだろう。

新興国では1人あたりのGDPも成長し、上位中間層は2010年の2.5億人から2030年には8.9億人に、高所得層は2010年の0.8億人から2030年には5.9億人に増加する。これまでの、消費の質も量も高まりマーケットは劇的に変化していく。

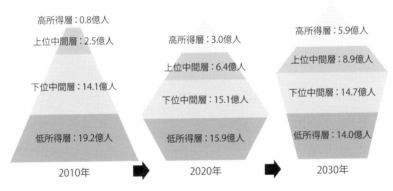

図表5-1　新興国における新中間層の出現・増大

所得層	世帯年間可処分所得
富裕層	35,000ドル以上
上位中間層	15,000ドル以上〜35,000ドル未満
下位中間層	5,000ドル以上〜15,000ドル未満
低所得層	5,000ドル未満

図表5-2　所得層の区分定義

経産省によれば、下位中間層から、洗濯機や冷蔵庫等、各種家庭製品の保有率が急速に上昇し、上位中間層にかけて外食や教育、レジャー等、各種サービスへの消費性向が急速に上昇し、上位中間層ではヘルスケア分野への消費性向が高まるという。

このマーケットの変化や需要に対応していくために、中間層の人口が増加していく地域での物流サービスはより多様化・高度化し拡大していくであろう。成長が著しい新興国では、日常生活で消費する商品の購入層が増え、多品種大量購入の傾向が強くなり、需要に追いつくために今まで以上に物量のスループット（入出荷できる能力）を上げる必要がでてくる。

一方日本はどうだろうか。新興国のような必要以上の大量購入・大量消費の時代は過ぎ、より個人のニーズに合わせた商品やサービスの需要が高まり、小ロット・高品質な物流サービスが必要になるのではないかと予測する。ここで見えてくるのは、より個人のニーズに合わせたきめ細やかなサービス、また桁違いのリードタイムの短縮への対応だ。

新興国ではスループット向上のために、日本ではより小ロット高品質なサービスに対応していくために、グローバル全体で物流における装置産業化が加速する。

エネルギー効率性を考慮した省電力の物流時代 ─エネルギーの効率的な利用を考え、移動距離の少ない生産・物流

人口の増加、都市人口増大といった中で、今のエネルギー供給の方法を踏襲していては、エネルギー不足が顕在化していくであろう。一次エネルギーと呼ばれている、人間が利用するエネルギーのうち、変換加工する以前の自然界に存在する薪・木炭・石炭・石油・天然ガス・太陽放射・地熱・風力・水力・原子力などの需要は

第5章　ロジスティクス4.0の今後の展開

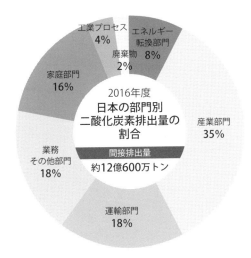

出典：温室効果ガスインベントリオフィス
http://www.jccca.org/chart/chart04_04.html

図表 5-3　日本の部門別二酸化炭素排出量の割合

2030年には2010年の1.3倍に増加するといわれている。

その中で、日本は第4次環境基本計画等において、2050年までに80％の温室効果ガスの排出削減を目指すとしている。

CO_2排出量を産業別にみてみると、運輸部門が世の中全体での間接排出量は18％を占めており、今後ますます物流産業での温室効果ガス削減は必要に迫られるであろう。

燃費効率改善やモーダルシフトなど、様々な手段でCO_2削減に取り込んでいるが、次の時代ではエネルギー使用を抜本的に削減するため、移動距離そのものを削減する物流になっていると予測する。

現在は人件費が安い国や地域に生産拠点や物流拠点を集中化させ、輸配送により各消費地に移動させている。この手法は、輸配送コストをかけても人件費が安い所で集中的に生産する方が、トータ

ルコストが安い、という構造の上に成り立っている。しかし、新興
国の人件費が上がり、また人手が掛からない装置産業化された世界
では、輸配送コストを掛けて消費地から離れた所で集中的に生産す
るメリットはなくなり、生産拠点や物流拠点が消費者に近い所に分
散化され、極力移動距離を短くする、またはそのコストやエネル
ギーを使わない物流になっていく。

気候─予測された気候変動や、リアルタイムな状況に合わせた動的な最適物流の構築

　日本での気温の全国平均値は、2000年に比べ、2050年には
2.1℃、2100年には2.8℃上昇すると見込まれている。物流で管理さ
れる温度帯は大きく3つに分かれており、常温・冷蔵・冷凍とあ
る。それぞれ、常温（ドライ）は10〜15℃（または20℃）、冷蔵
（チルド）は5〜マイナス5℃、冷凍（フローズン）はマイナス15℃
以下となっているが、温度が上がることによって、この物流におけ
る3温度帯の運用・管理の対応策にも大きな影響がでるであろう。

　例えば冷蔵食品などで、冷房冷蔵の機械を入れず、保冷剤や保冷
ボックスなどを用いて一定区間の運搬、または一定時間の保管をし
ていた商品やその工程においては、2050年に2.1℃上昇することへ
の耐久性の検証やその対応策の技術開発、導入が必要になってく
る。その対応のコスト増は、私達消費者の手元に来るまでの価格に
も影響するかもしれない。

　温暖化は単に気温が上昇するだけではなく、暖気と寒気がぶつか
るところで大気が不安定になり、異常気象の発生が多くなることが
わかっている。気象の変動による物流への影響は大きく4つあると

第5章　ロジスティクス4.0の今後の展開

考える。

　　・予測できない気象状況による需要・供給量の変動

　　・冠水、土砂災害、路面凍結による通行止め

　　・結露、気温変化等による荷物の損害

　　・悪天候による渋滞

　これらの課題に対しては、今後AIや情報プラットフォームを利用し、気象変動や需要変動の精度の高い予測が必要不可欠で、また予測した値で実行するだけではなく、リアルタイムの天候の変動や交通状況の変化に合わせ、動的に最適な物流を構築していく必要がある。

▌人口―人口集中地域への物流インフラの大移動

　2050年の世界の人口は100億人に近づき、世界的には2015年から約30％増加する予測だ。人口1億人以上の国は2015年の12カ国から、2050年に18カ国になり、2050年の内訳はアジア8カ国、アフリカ6カ国、その他はアメリカ、ブラジル、メキシコ、ロシアとなる。

　日本の総人口は前述した通り、2005年をピークに減少しており、2050年には9,515万人になると予測されている。その中で、生産年齢人口（生産活動に就いている中核の労働力となるような年齢の人口のことをいう。日本では15歳以上65歳未満の年齢に該当する人口）は3500万人減少し若年人口は821万人減少するとされている。

169

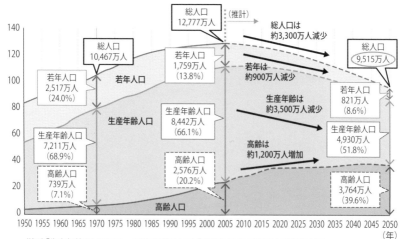

figure 5-4　生産年齢人口の推移

　このように、人口が急激に増えていく特定の地域では、マーケットは大きくなり、物流インフラも集中していくだろう。その反対に日本のように人口減少していく国では、物流ニーズは量より質に変化していき、今まで提供していた物流キャパシティやサービスの一部は過剰、また不要になっていくものもあるだろう。日本のマーケットに特化している物流企業は、それら人口増加国に進出していかないと、日本のマーケットだけでは量をさばくビジネスは成り立たないかもしれない。

技術――最新モジュールが自動的に適用されている状態　　　（プラットフォームの選択の重要性）

　今から30年前、携帯電話やインターネットが普及していなかっ

第5章　ロジスティクス4.0の今後の展開

た時代を考えると、2050年の世の中では今とは比べ物にならない くらいの技術変化が加速しているであろう。

　また、技術だけではなく、価格破壊も進む。自動運転は当たり前 で、マイクロチップを埋めた人間の脳は常にインターネット接続し ているかもしれない。ARグラスの代わりになるARコンタクトレ ンズをつけ、手に持つようなスマートフォンは無くなっているかも しれない。

　そんな加速的に進む技術革新の世の中では、ロジスティクスに AIやIoTを用いて装置産業化された後も、一回導入して終わるの ではなく、常にモジュールをアップデートする必要がある。今まで どれだけ生産性を上げ人件費を削減するかということを考えていた ように、今後装置産業の物流では、どれだけ消費電力などのエネル ギー効率を良くするか、消耗品コストを削減するかなど、ハード・ ソフトの両面から継続的な改善を行っていく必要がある。また、今 までどのメーカーのマテハンを入れるかを検討していたように、今 後はどのプラットフォームに参加するか、通信やセキュリティ、 シェアリングのスペックやポテンシャルの違いを比較し自社の特性 に合ったプラットフォームを選定していくことが重要になるだろ う。

171

2 ロジスティクス4.0の先で生まれる ロジスティクスサービス

　ロジスティクス4.0ではまだ活用が本格化されていないが、現在実用化に向けて研究開発や実証実験が進んでいる。ここでは次に実現化されていくであろうロジスティクスサービスを紹介したい。

ロボット派遣—人間作業に代わるロボット

　前章のロジスティクス4.0のテーマでもあったIoT、AIの技術革新は今後どのように発展していくのだろうか。総務省はテクノロジーの見通しとして、2050年にはAIが人間を超える、"シンギュラリティ"がやってくると述べている。また、ロボット工学の専門家であるデヴィット・レヴィー博士は、「このままAI技術が発展していけば、人間とロボットの結婚が合法になる日がやってくるだろう」とまで述べており、ロボットはより一層人間に近付き、人権と同じような権利を持ち、国に税金を納め、社会的にも人間と変わりない立ち位置にくるのかもしれない。

　物流においては、ロボットの技術による車両や船、飛行機を自動で運行したり、モノを運ぶ、ピッキングをする、検品をする、保管するというような作業レベルから発展し、人間の判断でしかできなかった、状況の変化に応じた管理運営・指示だしなどのマネージメントを行ったり、人間の手作業でしかできなかった、繊細な作業や、移動などもAIを搭載したロボットが自ら行っていくだろう。

172

第5章　ロジスティクス4.0の今後の展開

　また、倉庫では現状多くの仕事をアルバイトやパート、派遣スタッフで担っているが、作業者の作業量の変動幅が多い倉庫では、雇用側としては、必要な時に必要なだけの人数にきてもらうことの難しさがある。例えば当日の作業ボリュームの急な変動による人数の増減の調整や、派遣の場合は派遣法による一定期間の雇用などの制限もある。2050年の世界では、すべての作業を固定資産の自動機器で賄うのではなく、その変動が大きい作業工数をロボット派遣

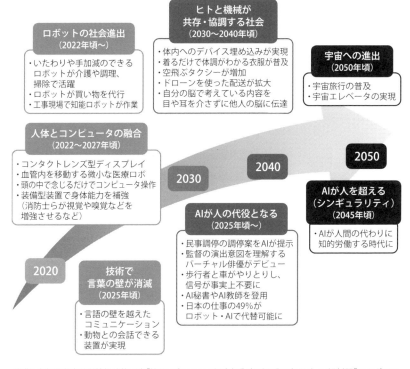

図表5-5　AIとロボットによる社会の進化

が担っている可能性は多いにある。実際に川崎重工や東京センチュリー、オリックスなど、既にロボット派遣のビジネスを開始している企業もあり、今後は作業特性に合わせることのできる汎用的な動作の実現が課題になってくるだろう。

　また、人が行う作業の代わりでいうと、人的危険が伴う作業もロボットに代わっていく。例えば低温倉庫や薬品を扱う場所では、体調への影響考慮から、庫内労働時間が決められているところが多く、休憩や他作業に移るため、実質1日8時間の労働力とはならない。ロボット自体が低温や薬品にも耐えられることが前提条件だが、ロボットが代行すれば、制限なく稼働していられる。

ロボットの遠隔集中管理が実現

　これまでは倉庫一拠点単位で、その中で行われている作業をその事務所で集中管理している、というレベルが通常だった。しかし、今後装置産業化された世界では、複数の倉庫を遠隔で集中管理することになる。それは、一つの地域内というレベルではなく、国を超えてのサービスになるだろう。

　例えば、倉庫は千葉にあり、その運営はドイツのA社のシステムで動いているが、その集中管理は人件費とランニングコストが安いインドネシア郊外で集中管理されている、というイメージだ。これが実現できれば、人口が増加している国での雇用を生み、また安い人件費で人を確保することができる。日本国内における管理業務の人手不足の解消、高騰する人件費の削減も可能になる。これまでシステム開発をオフショアの中国などで行ってきたように、物流もオフショアで遠隔で実行・管理される世の中になる。

174

サーキュラーエコノミー

サーキュラーエコノミー(CE)とは製品・部品・資源を永久的に再生利用し続け最大限に活用する経済環境の概念である。

オランダ政府は、2050年までにサーキュラーエコノミーを完全に実現させるため、「2050年までにオランダをサーキュラーエコノミーにしていくためのロードマップ（A circular economy in the Netherlands by 2050)」を発表している。

またフィンランドも同じように2025年までのサーキュラーエコノミーのロードマップを策定（https://media.sitra.fi/en/articles/leading-cycle-finnish-road-map-circular-economy-2016-2025/）している。

従来型の経済は売り切りモデルであり大きく4つの無駄が発生しており、この無駄を無くすためにそれぞれを再利用させることがサーキュラーエコノミーの取り組みである。

1．大量調達による資源の無駄
2．大量製造によるキャパシティの無駄
3．大量販売・大量利用によるライフサイクル価値の無駄
4．大量廃棄による潜在価値の無駄

以下それぞれを詳しくみてみよう。

1．大量調達による資源の無駄の対策とは、再生可能、もしくは継続利用可能な素材・エネルギーを使用し、資源の枯渇や採取難度による価格の高騰や自然への負担を軽減、継続的な調達ができるようにする。

2．大量製造によるキャパシティの無駄の対策は、未使用の製品放置（非稼働率）を無くすため、シェアリングの徹底や、シェアリ

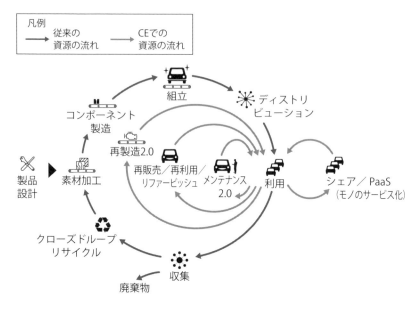

出典：総務省「資源循環を巡る最近の動き」
http://www.meti.go.jp/committee/sankoushin/sangyougijutsu/haiki_recycle/pdf/032_05_00.pdf

図表 5-6　サーキュラーエコノミーの考え

ングエコノミーを推進させることが必要である。

3．大量販売・大量利用によるライフサイクル価値の無駄の対策は、新商品への世代交代などで、破棄される無駄を無くすため、中古品利用や再販ができる二次市場の構築が必要である。

4．大量廃棄による潜在価値の無駄の対策は、廃棄物からの回収・再利用がおこなわれていない部品や原材料、エネルギーの回収の徹底が必要である。

スペースロジスティクス

スペースロジスティクスの一部として、今注目を集めているの

第5章　ロジスティクス4.0の今後の展開

が、宇宙エレベーターだ。

宇宙エレベーターとは、地球と宇宙空間を運搬機がケーブルなどを使って上下することで、人や物資を輸送できる構想である。日本においては、2008年に宇宙エレベーター協会が発足し、宇宙エレベーターを実現するための活動を積極的に行っている。民間では大林組が2050年の実現を目指す事を発表しており、技術的にも理論的にも実現可能なものとされている。総工費も10兆円と、JR東海のリニア中央新幹線の総工費が9兆円であることを考えると、現実的なプロジェクトである。

今までは宇宙空間への物資の共有や人の移動は、毎回莫大な費用と労力をかけてロケットで行ってきた。しかし、カーボンナノチューブの発見により現状の技術レベルでも、宇宙へのエレベーターの構想が手の届きそうな範囲にあり、実現に向けた研究プロジェクトが日本やアメリカで始まっている。地上から静止軌道以上まで延びる塔、軌条、ケーブルなどの構造物に沿って運搬機が上下することで宇宙と地球の間の物資を輸送できる。動力を直接ケーブル等に伝えることで、噴射剤の反動を利用するロケットよりも安全に、かつ遥かに低コストで宇宙に物資を送ることができる。

エレベーターの人が乗る「籠」の昇降には電気動力など化学燃料でないものを使い、ロケットのように燃料を運び上げる必要がないため、一度に宇宙空間に運び出す、または宇宙から運び降ろす荷を大幅に増やすことができる。

また、上るときに消費した電力は位置エネルギーとして保存されているので、降りで回生ブレーキを使って位置エネルギーを回収す

177

れば、エネルギーの損失がほとんどなく、運転費用が非常に安くて済む。一つの試算によると現行ロケットの場合、物資1ポンド（453グラム）あたりの輸送コストが45万ドルから5万ドル（約450万〜550万円）であるのに対し、宇宙エレベーターの場合、1ポンド約100ドル（1kg当たり2万5千円）となると想定されている。

情報転送ロジスティクス

　3Dプリンタの技術革新のスピードを見ていると、2030年から2050年にはメイカーズ革命が大きく進んでいくであろう。メイカーズ革命とは、様々なツールを活用することで、誰であってもものづくりに参加でき、誰でもメーカーになれるということだ。ユーザーが簡単に3Dデータを購入、または自ら作成し始めると、メーカーで一気に大量生産される均一的な商品は姿を消し、はるかに多彩で多様な消費者の好みに合わすことができるローカライズな世界になるだろう。

　工業デザイナーのジョシュア・ハリス氏は、3Dプリンタを使い、家で服を製造する2050年のコンセプトを発表した「design-for-2050-clothing-printer」。

　WEB上から服のデザインデータを購入し、ダウンロードする。3Dプリンタには、衣類を印刷するための糸が素材として入っており、ダウンロードしたデザインのデータをそのまま印刷＝製造する。
　3Dプリントは素材が必須になるため、素材供給物流もこの業界で注目されている一つでもある。モノがデジタルに変わっていく流

れの中でも、人々の生活において「購買」という行為は大きく減少しない。つまり物理的なモノの移動である物流活動は将来に渡り残っていく。3Dプリンタが本格的に人々の生活に入り込んだとしても、モノを作り出すための原材料は物理的な移動が伴う。

実際物流自体がなくなっていく業界も存在する。書籍や音楽においては、データのやり取りだけになり、昔のような、紙媒体の書籍やレコード、CDというのは、どんどん取り扱いが減少しており、2050年の新しいリリースにおいては物流自体が無くなっているかもしれない。

これまで、より細かい単位での発送・納品や、また極限にまで納品リードタイムの短縮に努力してきた物流企業のサービスは、3Dプリンタによって、意味がなくなる商品もでてくるであろう。

新しい物が欲しいときは、工場で生産し現地から運ぶのではなくて、データだけ買って家の3Dプリンタで打ち出して手に入れる世界がくるかもしれない。

3 すべては日本型ロジスティクス 4.0 から

　本章で記載した内容は決して現実離れしたものではなく、現在の流れをもとに10年後、20年後、30年後の世界を想像したものだ。

　モノがデジタルに変わっていくスマートデジタルという社会の流れの中でも、人々の生活において「購買・消費」という行為は減少しない。つまり物理的なモノの移動である物流活動は将来に渡り残っていく。3Dプリンタが本格的に人々の生活に入り込んだとしても、モノを作り出すための原材料の物理的な移動は無くならない。変化するのは購買・消費の志向である。

　購買・消費はより多様化・複雑化することが予想され、誰もそのトレンドを確実に予測することはできない。ただ一つ言えることは、すさまじいスピードで革新的な技術が誕生し、それらはロジスティクスの世界を大きく変えていくということだ。

　今までのロジスティクスは、その時代に直面した課題がトリガーとなり進化してきたが、これからは新しい技術に牽引されたイノベーティブなロジスティクスサービスが創出されていくだろう。

　日本はいつの時代でも、新たな技術とそれまでに培ってきた現場の知恵をもとにして高品質なロジスティクスサービスを提供してきた。マーケットが成熟している日本だからこそ、世界に通用する高品質なサービスを強みにした日本型ロジスティクス4.0を作り上げていくことができると考える。

　まさに今、日本のロジスティクスは新たな改革への一歩を踏み出すべきである。

第5章　ロジスティクス4.0の今後の展開

COLUMN
物流マンは現場感を忘れずに

　物流は短期間で目まぐるしい成長を遂げました。サプライチェーンマネジメントやロジスティクスの概念の外来を受けて、荷主企業はこぞって物流改革に着手しました。一方、物流業者は3PLプロバイダーとして付加価値のある提案に工夫を凝らすようにもなりました。

　その環境下、荷主企業あるいは物流企業における変化として挙げられることは、優秀な人材の流入です。特に荷主企業においては、従来は物流コストを管理することをミッションとして設置されていた物流部が発展的に解消されてロジスティクス部が発足し、組織横断的にロジスティクス戦略の策定やロジスティクスITの導入に取り組み始めるようになりました。勢い、そこには優秀な人材が配置されます。

　私たちコンサルティング業界においても然りです。戦略領域や会計領域、SCM領域に関するコンサルティングを志望する人材は従前から存在したのですが、ここ数年で物流を対象としたコンサルティングを志望する人材が増え続けています。物流はプロセスです。したがって、プロセスをいかに効率化するか、いかにして生産性を向上させるかはコンサルタントの腕次第です。

　さて、最近少し気になることがあります。インテリジェントな物流人口が増えたのは喜ばしいことに間違いないのですが、問題は現場感がともなっているかどうかです。物流における作業の多くは疲労のなかで行われるため、次第に作業は、作業者が正しくかつ効率的に動けるような人間工学に沿った結果に落ち着きます。そして、そこには現場感が必要となります。物流を志す人たちは、絶えず現場に足繁く通い、机上で練りに練った論理との乖離を埋める努力が必要であると考えます。

　物流には多種多様な技術があります。梱包技術であったり、積載技術であったり、運転技術であったり。それらをどう形式知化するか、そこに現場感をもった優秀な物流マンになるヒントが存在していると思います。

181

【引用・出典一覧】

[1] 「日本経済新聞」電子版、今井拓也、日本経済新聞社、2018/7/1
　　[URL] https://www.nikkei.com/article/DGXMZO32469350Q8A630C1SHA000/

[2] 「月刊ロジスティクス・ビジネス」(LOGI-BIZ) 2018年5月号 P17、ローランド・ベルガー・小野塚征志、ライノス・パブリケーションズ、2018/5/1
　　[URL] NA

[3] 「月刊ロジスティクス・ビジネス」(LOGI-BIZ) 2013年2月号 P85、梶田ひかる、ライノス・パブリケーションズ、2013/2/1
　　[URL] NA

[4] 「流通ネットワーキング」2018年1・2月号、井上文彦、日本工業出版㈱、2018/1/1
　　[URL] NA

[5] 「IT人材白書2018」概要版、独立行政法人情報処理推進機構IT人材育成本部、独立行政法人情報処理推進機構 (IPA)、2018/4/1
　　[URL] https://www.ipa.go.jp/files/000065943.pdf

[6] State of the Industry Report、ATD Staff、ATD (Association for Talent Development)、不明
　　[URL] https://www.td.org/insights/atd-releases-2016-state-of-the-industry-report

[7] 教育研修費用の実態調査 (2015～2017年度)、産労総合研究所、不明
　　[URL] https://www.e-sanro.net/research/research_jinji/kyoiku/kyoikukenshu/

[8] コネクテッド・インダストリーズ税制 (IoT税制)、経済産業省、経済産業省ウェブサイト、不明
　　[URL] http://www.meti.go.jp/policy/it_policy/data-katsuyo/iot-zeisei/iot-zeisei.html

[9] 「月刊ロジスティクス・ビジネス」(LOGI-BIZ) 2018年9月号 P.25、大矢昌浩、ライノス・パブリケーションズ、2018/9/1
　　[URL] NA

[10] 「平成28年版情報通信白書」、総務省、2016/7/1
　　[URL] http://www.soumu.go.jp/johotsusintokei/whitepaper/ja/h28/summary/summary01.pdf

[11] 「週刊東洋経済」2018年7月7日号、高見和也、東洋経済新報社、2018/7/7
　　[URL] NA

[12] 自動運転に係る制度整備大綱、高度情報通信ネットワーク社会推進戦略本部、首相官邸ホームページ、2018/4/17
　　[URL] https://www.kantei.go.jp/jp/singi/it2/kettei/pdf/20180413/auto_drive.pdf

[13] 人材 (人手) 不足の現状等に関する調査、労働政策研究・研修機構、2016/12/27
　　[URL] https://www.jil.go.jp/institute/research/2016/162.html

[14] 全国貨物純流動調査 (物流センサス)、国土交通省、2017/5/9
　　[URL] http://www.mlit.go.jp/sogoseisaku/transport/butsuryu06100.html

[15] 宅配便の再配達率調査、国土交通省、2018/6/25
　　[URL] http://www.mlit.go.jp/seisakutokatsu/freight/re_delivery_research.html

[16] 平成28年度倉庫事業経営指標 (概況)、国土交通省、2018/3/6
　　[URL] http://www.mlit.go.jp/common/001224268.pdf

[17] 新中間層獲得戦略、新中間層獲得戦略研究会、経済産業省、2012/8/3
　　[URL] http://www.meti.go.jp/committee/kenkyukai/external_economy/chukan_kakutoku/pdf/report01_01.pdf

[18] 2050年を見据えた中長期的な環境イノベーション技術に関する調査報告書、一般財団法人日本エネルギー経済研究所、経済産業省、2014/3/1
　　[URL] http://www.meti.go.jp/meti_lib/report/2014fy/E004231.pdf

[19] 4-4日本の部門別二酸化炭素排出量 (2016年度)、温室効果ガスインベントリオフィス、2016
　　[URL] http://www.jccca.org/chart/chart04_04.html

[20] STOPTHE温暖化2017、環境省、2017/3/31
　　[URL] https://www.env.go.jp/earth/ondanka/knowledge/Stop2017.pdf

[21] 「国土の長期展望」中間とりまとめ概要、国土審議会政策部会長期展望委員会、総務

省、2011/2/21
[URL] http://www.mlit.go.jp/common/000135837.pdf

[22] イノベーションと技術的特異点（テクノロジカル・シンギュラリティ）、総務省技術戦略検討会、総務省、2018/7/17
[URL] http://www.soumu.go.jp/main_content/000566103.pdf

[23] IoT新時代の未来づくり検討委員会（第1回）事務局資料、IoT新時代の未来づくり検討委員会、総務省、2017/11/1
[URL] http://www.soumu.go.jp/main_content/000521326.pdf

[24] 資源循環政策を巡る最近の動きについて、産業技術環境局リサイクル推進課、総務省、2018/2/13
[URL] http://www.meti.go.jp/committee/sankoushin/sangyougijutsu/haiki_recycle/pdf/032_05_00.pdf

[25] 宇宙エレベーターとは、JSEA一般社団法人宇宙エレベーター協会、JSEA一般社団法人宇宙エレベーター協会、不明
[URL] http://www.jsea.jp/index.html

[26] IoTデバイス数の推移、HISマークイット、HISマークイット、不明
[URL] http://www.soumu.go.jp/johotsusintokei/whitepaper/ja/h29/html/nc133100.html

[27] 2017 Revision of World Population Prospects、United Nations DESA / PopulationDivision、2017年
[URL] https://population.un.org/wpp/Download/Standard/Population/

[28] 北陸経済研究、藤沢和弘・藤貴伸、一般財団法人北陸経済研究所、2017/1/1
[URL] NA

[29] 「平成29年度ものづくり基盤技術の振興施策」（ものづくり白書）P.133、経済産業省、2018/5/29
[URL] http://www.meti.go.jp/press/2018/05/20180529001/20180529001-6.pdf

[30] 「スマートサプライチェーンの実現に向けて」P.14、経済産業省消費・流通政策課、2018/10/1
[URL] NA

[31] 「平成28年版情報通信白書」p.235-236、総務省、平成28年
[URL] http://www.soumu.go.jp/johotsusintokei/whitepaper/ja/h28/pdf/n4200000.pdf

[32] 人工知能（AI）とは？、NTTデータ
[URL] http://www.nttdata.com/jp/ja/services/sp/ai/001/index.html

[33] ブロックチェーンとは、NTTデータ
[URL] http://www.nttdata.com/jp/ja/services/sp/blockchain/latest/

[34] BlockchainBizWebsite、株式会社Gaiax
[URL] https://gaiax-blockchain.com/smart-contract

[35] 官民ITS構想・ロードマップ2018P.5、"高度情報通信ネットワーク社会推進戦略本部・官民データ活用推進戦略会議、首相官邸ホームページ、平成30年6月15日
[URL] https://www.kantei.go.jp/jp/singi/it2/kettei/pdf/20180615/siryou9.pdf

[36] 自動運転を巡る国内・国際動向、国土交通省自動車局技術政策課、不明
[URL] http://www.mlit.go.jp/common/001240116.pdf

[37] 自動走行の実現に向けた取組、経済産業省、2018/1/18
[URL] https://www.kantei.go.jp/jp/singi/keizaisaisei/miraitoshikaigi/suishinkaigo2018/revolution/dai2/siryou4.pdf

[38] 「自動運航船に関する現状等」、国土交通省海事局、平成29年12月
[URL] http://www.mlit.go.jp/common/001215815.pdf

[39] News Release「物流センターでRFIDを用いた入出荷検品業務を開始」、佐川グローバルロジスティクス株式会社、2017/9/1
[URL] http://www.sagawa-logi.com/files/7215/0416/7201/RFID_.pdf

[40] 2017年3月期決算資料、CYBERDYNE株式会社、2017/5/15
[URL] https://www.cyberdyne.jp/company/download/20170515_kessanhosokusetsumei.pdf

【監修者略歴】

前田　賢二　（まえだ　けんじ）

株式会社クニエ　ロジスティクスグループリーダー　ディレクター

大手物流会社で要職を歴任した後、外資系コンサルティングファームに入社して
ロジスティクスプラクティスを設立。ロジスティクス戦略策定・ロジスティクス
ビジネスデザイン・ロジスティクスIT導入の各プロジェクトをプラクティス
リーダーとして担当。その後日系コンサルティングファーム・大手外資系3PLプ
ロバイダーを経てクニエに入社。産業を問わず、各種ロジスティクスコンサル
ティング・物流コンサルティングを展開。クニエにおけるロジスティクスソ
リューションの責任者を務める。本書では全体の監修にあたる。

【著者略歴】

鶴田　俊浩　（つるた　としひろ）

株式会社クニエ　ロジスティクスグループ　シニアマネージャー

大手物流会社にてロジスティクスITを経験後、外資系・日系コンサルティング
ファームを経てクニエに入社。ロジスティクスのみならず幅広くSCMプロジェ
クトにも従事し、製造業・流通業など、多くの業種・業界でロジスティクス改革
をプロジェクトリーダーとして担当。ロジスティクス戦略立案、ロジスティクス
IT企画、ロジスティクスコスト分析等に強みを持つ。本書では第1章・第4章・
第5章の執筆に携わる。

池田　祐一郎　（いけだ　ゆういちろう）

株式会社クニエ　ロジスティクスグループ　マネージャー

大手物流会社にて3PLプロジェクトを数多く経験した後、大手外資系3PLプロバ
イダーに入社。ソリューションデザイン部門にて、拠点設計・庫内プロセス設計
等の実務に即したコンサルティング案件をデリバリーした後、クニエに入社。大
手製造小売業者におけるグローバル拠点向け自社WMS展開、自動化業務設計な
ど、プロジェクトリーダーとして担当。AI、IoTを活用した先進的な物流業務設
計、庫内プロセス最適化、グローバルKPI管理等に強みを持つ。本書では第2
章・第3章の執筆に携わる。

監修者・著者略歴

大室　翔史　（おおむろ　しょうじ）
株式会社クニエ　ロジスティクスグループ　シニアコンサルタント
大手外資系3PLプロバイダーにて複数の倉庫の立上げとオペレーション運営管理を担当。その後、大手日系コンサルティングファームにて、サプライチェーン・ロジスティクス領域における業務改革のサービスに従事した後にクニエに入社。ロジスティクスを専門とした業務・システムコンサルティングを担当。倉庫の現場実務から上流マネージメントまで幅広い経験を持ち、複数のアパレル物流と自動車関連の業務改革プロジェクトを経験。本書では第5章の執筆に携わる。

長屋　知紗　（ながや　ちさ）
株式会社クニエ　ロジスティクスグループ　コンサルタント
大手外資系3PLプロバイダーに入社し、オペレーション部門にて庫内業務運営・KPI管理・リソースプランニング等を経験した後、クニエに入社。拠点戦略の立案や庫内オペレーション改革、WMS（庫内管理システム）グルーバル展開の計画策定等を実施。ロジスティクスBPR・庫内プロセス最適化に強みを持つ。本書では第2章の執筆に携わる。

矢口　璃菜　（やぐち　りな）
株式会社クニエ　ロジスティクスグループ　コンサルタント
大手外資系3PLプロバイダーのオペレーション部門にて、WMS（庫内管理システム）運用・庫内業務運営・リソースプランニング等を経験した後、クニエに入社。複数のWMS開発プロジェクトで、機能要件の定義、機能定義書の作成、データベースモデリングを実施。ロジスティクスITの設計から導入・庫内プロセス最適化に強みを持つ。本書では第4章の執筆に携わる。

篠田　道子　（しのだ　みちこ）
株式会社クニエ　ロジスティクスグループ　コンサルタント
大手SIベンダーにて、ERPパッケージソフトの品質保証業務に従事する。その後、総合物流会社に転じ、国際複合一貫輸送における輸出入貿易、国内輸送、コンテナ在庫の最適化、需要予測、輸送コストの最適化に取り組む。業務改善や基幹システム導入のプロジェクトリーダーを経て、クニエに入社。輸配送効率化や倉庫拠点改革案策定、ITシステム導入、グローバルロジスティクスに強みを持つ。本書では第3章の執筆に携わる。

上　まどか　（かみ　まどか）

株式会社クニエ　ロジスティクスグループ　コンサルタント

大手日系SPAアパレル企業におけるWMS（庫内管理システム）のグローバル展開プロジェクトに参画し、プロダクトのグローバル適用性の向上、実行計画策定を実施。その後大手自動車製造業におけるロジスティクス構想プロジェクトで拠点再配置の検討を担当。物流センターの業務改善プロジェクト、3PL選定RFP策定支援プロジェクトではデータ分析を担当し、改善後・構想実現後の効果試算を実施。ロジスティクス戦略の策定・ロジスティクスIT導入に強みを持つ。本書では第1章の執筆に携わる。

【執筆協力】

三宅　伸子　（みやけ　のぶこ）

株式会社クニエ　経営管理本部マーケティング部　マネージャー

日本型ロジスティクス 4.0
サービス多様化、物流費上昇、人手不足を一挙解決

NDC 675

2019年1月30日　初版1刷発行

（定価はカバーに表示
されております。）

監修者　　前　田　賢　二
ⓒ　編著者　　㈱クニエ ロジスティクスグループ
発行者　　井　水　治　博
発行所　　日 刊 工 業 新 聞 社

〒103-8548　東京都中央区日本橋小網町14-1
電話　書籍編集部　03（5644）7490
　　　　販売・管理部　03（5644）7410
　　　　FAX　　　　03（5644）7400
振替講座　00190-2-186070
URL　　　http://pub.nikkan.co.jp
e-mail　　info@media.nikkan.co.jp

印刷・製本　新日本印刷㈱

落丁・乱丁本はお取替えいたします。　　　2019　Printed in Japan
ISBN 978-4-526-07923-8
本書の無断複写は、著作権法上での例外を除き禁じられています。